满腹诗书

国学金句集锦

张明林 —— 编著

内蒙古文化出版社

图书在版编目（CIP）数据

　　诗书满腹：国学金句集锦 / 张明林编著. -- 呼伦
贝尔：内蒙古文化出版社，2025. 5. -- ISBN 978-7
-5521-2621-1

　　Ⅰ．Z126-49

　　中国国家版本馆 CIP 数据核字第 2025RB5916 号

诗书满腹：国学金句集锦

张明林　编著

责任编辑	朝　日　赵佳禹	
装帧设计	日　尧	
出版发行	内蒙古文化出版社	
地　　址	呼伦贝尔市海拉尔区河东新春街 4 付 3 号	
直销热线	0470—8241422　　邮编　　021008	
印刷装订	天津中印联印务有限公司	
开　　本	880mm × 1230 mm　1/32	
字　　数	186 千字	
印　　张	8	
版　　次	2025 年 5 月第 1 版	
印　　次	2025 年 5 月第 1 次印刷	
书　　号	ISBN 978—7—5521—2621—1	
定　　价	59. 80 元	

前　言

一句经典串起古今智慧

国学，追根溯源，是以先秦诸子百家学说作为深厚根基，融汇了各个历史时期文化精华的学术统称。在华夏文明浩浩汤汤的历史长河中，国学承载着先人的智慧、情感与哲思，历经岁月洗礼，越发广博醇厚，包罗万象，宛如熠熠星辰，照亮一代又一代国人的精神世界。

千百年来，无论朝代如何更迭，新旧文化如何碰撞，东西方文明如何相互交融渗透，国学一直备受推崇，焕发着旺盛的生命力，堪称中华民族五千多年智慧的璀璨结晶。其涵盖范畴极为广泛，涉及思想观点、文化教育、情感心理、礼仪规矩、生活习惯等各个方面，全面地呈现和解读了古人的思想、观点、行为以及生活风貌。因此，学习国学就是在接续文化的火种，让古老的智慧在当代社会重焕生机，增强我们的文化自信与民族认同感。

国学典籍是中华民族文化基因的重要载体，每一句金句都蕴含着特定时代的文化烙印，将深邃的思想阐释得淋漓尽致，把丰富的情感抒发得恰到好处。为了方便读者利用碎片化的时间快速汲取知识，我们对《周易》《论语》《孟子》《淮南子》《左传》《史记》《资治通鉴》《菜根谭》等二十多部极具代表性的经典名著进行了针对性拆书，精心遴选藏在书中的诸多经典金句，如同

将一件璀璨的珠宝拆解，使每一颗精美宝石都能清晰地展现出来。这些文字经过千锤百炼，或典雅庄重，或简洁明快，为我们提供了丰富的词汇、多样的句式和精妙的修辞范例。无论是日常交流、文学创作，还是进行学术研究，深厚的国学底蕴都将成为我们有力的支撑，使我们的语言更加富有内涵与魅力。

当然，这些选自国学典籍的金句有可能文辞玄奥，单看原文觉得晦涩难懂，无法做到有效吸收和恰当运用。为了帮助读者更好地理解这些金句中凝练的深刻哲理，我们专门从"口语表达""书面直译"两个方面进行解读，降低理解门槛的同时也有利于深度吸收知识。例如，在日常交流中，和朋友讨论面对物质诱惑如何抉择，可引用《孟子》中的"富贵不能淫，贫贱不能移，威武不能屈"；讨论创新的重要性，可引用《大学》中的"苟日新，日日新，又日新"；探讨如何平衡好打拼与放松，可引用《世说新语》中的"使我有身后名，不如即时一杯酒"；告诫他人不要胡乱交友，可引用《围炉夜话》中的"滥交朋友，不如终日读书"；劝说朋友要好聚好散，可引用《战国策》中的"君子交绝，不出恶声"；劝说他人要自尊自爱，可引用《孟子》中的"人必自侮，而后人侮之"……这样不仅能够精准地传达自己的意思，而且增添了文化底蕴，让交流变得更有深度，真正做到将知识内化为自己的认知。

相信无论是渴望深入了解传统文化的爱好者，还是在人生道路上寻求思想指引的探索者；无论是致力于提升文学素养的学习者，还是期望改善人际关系、提高生活品质的践行者，都能从书中收获属于自己的珍贵感悟，感受国学经典的独特魅力。

目 录
CONTENTS

篇章一 读懂《周易》

感悟通变法则

《周易》

《易经》又称《周易》，由《经》与《传》构成，上观天道，下究万物，以阴阳辩证为核心，构建变化、和谐、平衡的智慧体系，被誉为「大道之源，群经之首」。

书中运用卦象与爻辞揭示「穷则变」的变革法则、「一阴一阳之谓道」的辩证思维，亦倡导「厚德载物」「自强不息」的处世哲学。其思想成为中国人认知世界的底层逻辑，同时也启发我们在「变通趋时」中破局，于「乐天知命」中安心，在风云变幻中寻得人生坐标。

◎ 一阴一阳谓之道。

口语表达：阴阳平衡是自然规律。

书面直译：世间万物都来源于阴阳力量的相互作用与平衡，阴阳的变化、互动构成了自然的道理和规律。

◎ 穷则变，变则通，通则久。

口语表达：学会适时变通才能长久。

书面直译：事物发展到了极点就要发生变化，变化会使发展不受阻碍，发展畅通才可以持续生存。

◎ 天行健，君子以自强不息；地势坤，君子以厚德载物。

口语表达：做人要自强不息，待人要宽厚包容。

书面直译：天道运行刚健强劲，君子应效仿天道，自立自强，不停地奋斗；大地气势厚实和顺，君子应效仿大地，增厚自身美德，做到容载万物。

◎ 君子藏器于身，待时而动。

口语表达：韬光养晦，等待时机。

书面直译：君子有卓越才能却不轻易显露，而是静待合适的时机才施展出来。

◉ 积善之家必有余庆，积不善之家必有余殃。

口语表达： 种什么因，结什么果。

书面直译： 一个行善积德的家族，不仅自己会有福气，必然还会有更多的福报留给子孙后代；一个作恶多端的家族，不仅会给自己招至祸端，还会给子孙后代留下更多的灾祸。

◉ 无平不陂（pō），无往不复。

口语表达： 人生不会始终一帆风顺。

书面直译： 没有始终平坦而不遇坡道的路，没有始终向前而不反复的情况。

◉ 方以类聚，物以群分。

口语表达： 鱼找鱼，虾找虾。

书面直译： 各种方术因种类相同而聚合在一起，各种事物因类别不同而分为各种群体。

◉ 劳而不伐，有功而不德，厚之至也。

口语表达： 做人要谦逊厚道。

书面直译： 辛勤劳动但不自我夸耀，虽然有所成就但不居功自傲，这是一种极为深厚、高尚的品德。

◎ 变化者，进退之象也。

口语表达： 凡事不进步就退步。

书面直译： 世界上的一切事物都在变化中发展，变化的结果无非就是进、退两种情况。

◎ 谦谦君子，卑以自牧也。

口语表达： 以谦卑之心修炼己身。

书面直译： 谦逊的君子，总是保持谦卑有礼的态度，以此来提高自身修养。

◎ 天下同归而殊途，一致而百虑。

口语表达： 殊途同归。

书面直译： 天下人虽然走不同的道路，但最终归宿是相同的；虽然思考方式不同，但最终目标是一致的。

◎ 君子学以聚之，问以辩之，宽以居之，仁以行之。

口语表达： 做人做事要有自己的一套行为准则。

书面直译： 君子靠学习积累知识，靠询问辨别是非；凭借宽厚之心身居恰当的位置，凭借仁爱之心去做事。

◉ 君子见几而作，不俟终日。

口语表达：保持敏锐，有机会就立马去做，不要等。

书面直译：君子发现事物的细微征兆，就会立马行动，不会整天等待。

◉ 地中有水，君子以容民畜众。

口语表达：管理者能容人，团队才有凝聚力。

书面直译：君子要像大地容纳水流一样容纳百姓，使百姓能够生存和发展。

◉ 汤武革命，顺乎天而应乎人。

口语表达：变革要顺应发展规律和民意。

书面直译：商汤灭夏朝建商朝、周武王灭商朝建周朝，他们改朝换代的变革行为，都是顺应了自然规律和应许了民众的要求。

◉ 君子敬以直内，义以方外。

口语表达：做人要表里如一。

书面直译：君子用恭敬的态度使内心正直，用正当的行为规范外在表现。

◉ 形而上者谓之道，形而下者谓之器。

口语表达： 抽象与具体、本质与现象的辩证关系。

书面直译： 无形的、抽象的规律称为"道"，有形的、具体的事物称为"器"。

◉ 君子以成德为行，日可见之行也。

口语表达： 时刻注重品德修养。

书面直译： 君子以完善品德修养作为行动目的，具体体现在每一天的行为举止中。

◉ 凡益之道，与时偕行。

口语表达： 与时俱进才能持续受益。

书面直译： 在追求利益的过程中，要不断顺应时代的发展变化，做出符合时代需求的选择。

◉ 二人同心，其利断金。

口语表达： 团结力量大。

书面直译： 如果两个人心志相同、团结一致，所形成的力量就像锋利的刀剑，可以斩断任何金属。

◎　善不积不足以成名，恶不积不足以灭身。

口语表达： 善有善报，恶有恶报，重视积累。

书面直译： 如果不积累善行就无法成就美名，如果不积累恶行就不会招致灭身祸事。

◎　君子以俭德辟难，不可荣以禄。

口语表达： 不因诱惑而迷失本心。

书面直译： 君子应当用俭朴的品德躲避灾祸，不应当为追求荣华而去谋取禄位。

◎　日中则昃（zè），月盈则食，天地盈虚，与时消息。

口语表达： 凡事要小心物极必反。

书面直译： 太阳运行到中天就要西斜，月亮圆满后就会亏缺，天地间的圆满和亏缺，都是伴随时间而更替着消亡、生息。

◎　书不尽言，言不尽意。

口语表达： 语言存在局限性。

书面直译： 文字不能精确地表达言语，言语也不能精确地表达人的心意。

◎ 德薄而位尊，智小而谋大，力小而任重，鲜不及矣。

口语表达： 凡事要量力而行。

书面直译： 德行浅薄却身居高位，智慧有限却图谋大事，能力不足却肩负重任，这样的人很少有不遭遇灾祸的。

◎ 时止则止，时行则行，动静不失其时，其道光明。

口语表达： 按实际情况灵活调整策略，才容易成功。

书面直译： 在恰当的时机停止行动，在合适的时机采取行动，行动和停止都不违背适当的时机，这样做事就会顺利，前景就会充满光明。

◎ 危者使平，易者使倾。

口语表达： 无论何时都要保持谨慎。

书面直译： 能够认识到危险而保持警惕的人，往往可以平安无事。那些认为事情容易完成而掉以轻心的人，往往容易遭遇失败。

◎ 履霜，坚冰至。

口语表达： 事情的发生总有征兆。

书面直译： 当脚踩到薄霜时，预示着冬日冰冻时节即将到来。

◉ 君子以言有物而行有恒。

口语表达： 做人要言行一致，做事要持之以恒。

书面直译： 君子应当注重自己的言行，说话要有根据，做事要有恒心。

◉ 师出以律，失律凶也。

口语表达： 管理团队要有纪律性。

书面直译： 军队出征必须有严明的纪律作为保障，否则就会出现凶险。

◉ 君子以类族辨物。

口语表达： 管理团队要求同存异。

书面直译： 君子处理事务时，应当通过分类和辨析，找到事物间的共性和差异，从而达到和谐统一。

◉ 君子以顺德，积小以高大。

口语表达： 道德修养是一个日积月累的过程。

书面直译： 君子应该顺应自然规律培养自身品德，通过每天不断地积累微小的进步，最终塑造崇高的人格。

◎　自天佑之，吉无不利。

口语表达： 努力的人做什么都会顺利。

书面直译： 上天保佑遵守自然规律的人，一切都会吉祥顺利。

◎　乱之所生也，则言语以为阶。

口语表达： 祸从口出。

书面直译： 祸乱往往是由不当的言语引发。

◎　君子以惩忿窒欲。

口语表达： 做情绪的主人。

书面直译： 君子应当管控自己的愤怒情绪，克制自己的欲望。

◎　观颐，自求口实。

口语表达： 最好的养生是自给自足。

书面直译： 观察颐养之道，懂得依靠自己的力量获取食物。

◎　潜龙，勿用。

口语表达： 低调发展，不招摇。

书面直译： 龙潜伏在水底，暂时还没到施展其能力的时候，不可轻举妄动。

◉ 比之匪人，不亦伤乎？

口语表达： 交友需谨慎。

书面直译： 与不正当的人结交，怎么能不受到伤害呢？

◉ 天地之大德曰生。

口语表达： 生命伟大。

书面直译： 天地之间最伟大的德泽就是化生万物。

◉ 夫妻反目，不能正室也。

口语表达： 夫妻要相互尊重、理解。

书面直译： 夫妻不和睦，是因为丈夫不能够正确对待妻子。

◉ 见善则迁，有过则改。

口语表达： 好的学，错的改。

书面直译： 看到好的品行就努力学习，有了错误就及时改正。

◉ 同声相应，同气相求。

口语表达： 志同道合的人会相互吸引。

书面直译： 同类的声音能相互感应，同样的气味会相互融合。

◎ 先甲三日，后甲三日，终则有始，天行也。

___

口语表达： 做事有终才有始。

书面直译： 既要重视事前的准备，也要关注事后的巩固，旧的结束又会迎来新的开始，这是自然的运行规律。

◎ 君子以反身修德。

___

口语表达： 懂得反思才能进步。

书面直译： 君子在面对挫折时，应当反躬自问，通过自我反省来提升自身品德修养。

◎ 君子以独立不惧，遁世无闷。

___

口语表达： 以平常心面对生活中的诸般境遇。

书面直译： 君子应当保持独立人格，不畏惧困难，即使隐退避世也不感到苦闷。

◎ 同心之言，其臭如兰。

___

口语表达： 真诚的人说话更有感染力。

书面直译： 同心同德的人说出的话，让人感觉就像嗅到兰花一样芬芳、高雅。

◉ 不恒其德，或承之羞。

口语表达： 频繁改变原则，会损害声誉。

书面直译： 如果不能长久地保持自身德行，有可能会受到他人的羞辱。

◉ 仁者见之谓之仁，知者见之谓之知。

口语表达： 一千个人心中有一千个哈姆雷特。

书面直译： 对于同一件事情，仁爱的人从仁的角度看待，看到其中包含着很多仁爱；智慧的人从智的角度看待，看到其中包含着很多智慧。

◉ 君子以明慎用刑，而不留狱。

口语表达： 司法人员处理案件要公正及时。

书面直译： 君子要明察案情，慎重地使用刑罚，不要拖延案件的审理。

◉ 亢龙，有悔。

口语表达： 身居高位要知进退。

书面直译： 龙飞得过高，达到极限后，必然会后悔。

悟『知者不惑』的智慧内核

《论语》

篇章二　学习

《论语》

《论语》为儒家经典，由孔子的弟子及其再传弟子编纂，记载孔子言行，包含伦理、政治、教育等思想，是中国人处世哲学的源头。

书中以『己所不欲，勿施于人』的处世金律，『学而不思则罔』的求知智慧，『和而不同』的交往哲学，引发人们的共鸣。它让人们明白，职场中『言必信』可立身，交往中『见贤思齐』能精进，迷茫时『志于学』可指引方向，日常中『学而时习之』可以规范言行。

◉ 默而识之，学而不厌，诲人不倦，何有于我哉？

口语表达：多记、多学、多教别人，并不是件难事。

书面直译：默默地记住看到和听到的知识，不厌烦学习，不厌倦教人，对我来说没什么困难。

◉ 温故而知新，可以为师矣。

口语表达：复习总有新得，有当老师的天分。

书面直译：温习学过的旧知识，能从中获得新见解，这样的人可以当老师。

◉ 敏而好学，不耻下问。

口语表达：不懂就问不可耻。

书面直译：聪敏好学的人，不以向比自己差的人请教为耻。

◉ 知之者不如好之者，好之者不如乐之者。

口语表达：兴趣是学习最好的老师。

书面直译：对任何事物来说，懂得的人不如爱好的人，爱好的人不如以此为乐趣的人。

◉ 博学而笃志，切问而近思，仁在其中矣。

口语表达： 多学多想多问，能提升综合素质。

书面直译： 通过广泛地学习，坚守自身志向，恳切地提问并联系实际思考，可以达到仁的境界。

◉ 吾尝终日不食，终夜不寝，以思，无益，不如学也。

口语表达： 空想无益，不如学习。

书面直译： 我曾经整天不吃、整夜不睡地冥思苦想，可是毫无收获，还不如踏实学习。

◉ 学如不及，犹恐失之。

口语表达： 学习要有紧迫感和进取心。

书面直译： 学习就像在追赶什么，总担心追不上，即使学到了也担心会忘记。

◉ 三人行，必有我师焉。

口语表达： 每个人都可以作为我学习的对象。

书面直译： 和别人在一起时，其中总有值得我学习的人。

◉ 学而时习之，不亦说乎？

口语表达：学习使人快乐。

书面直译：学习知识，并经常复习，不也是件愉快的事情吗？

◉ 学而不思则罔，思而不学则殆。

口语表达：学习和思考相辅相成。

书面直译：如果只学习不思考就会感到迷惑，如果只思考不学习就会陷入困境。

◉ 知之为知之，不知为不知，是知也。

口语表达：不要不懂装懂。

书面直译：知道就是知道，不知道就是不知道，这才是真正智慧的表现。

◉ 朝闻道，夕可死矣。

口语表达：生命的价值在于追求真理。

书面直译：早上明白了真理，晚上死去也没有遗憾了。

◉ 吾十有五而志于学，三十而立，四十而不惑，五十而知天命，六十而耳顺，七十而从心所欲，不踰矩。

口语表达：人生的不同阶段有不同的感悟。

书面直译：我十五岁立志学习，三十岁有所建树，四十岁不被外物迷惑，五十岁懂得人生道理，六十岁能听取不同意见，七十岁随心所欲却不会违背道德。

◉ 知者不惑，仁者不忧，勇者不惧。

口语表达：智慧、仁德、勇敢是人的三大美德。

书面直译：智慧的人不会被外界的纷扰所迷惑，仁德的人不会被忧愁所困扰，勇敢的人不会畏惧困难。

◉ 不愤不启，不悱不发。举一隅（yú）不以三隅反，则不复也。

口语表达：要启发式教学。

书面直译：教导学生，不到他冥思苦想仍不明白时不要开导，不到他心有所感却无法用言语清晰表达时不要启发。给他举出一个例子，如果不能推知其他类似情况，就先不要重复给他讲解。

◉ 仕而优则学，学而优则仕。

口语表达： 无论是学习还是工作，都要不断充实自己。

书面直译： 工作做得好，就多学习新知识提升自己；学习学得好，就投身工作中施展才华。

◉ 毋意，毋必，毋固，毋我。

口语表达： 别瞎猜，别武断，别固执，别太自我。

书面直译： 不要主观臆测，不要武断绝对，不要固执己见，不要自以为是。

◉ 躬自厚而薄责于人，则远怨矣。

口语表达： 严于己宽于人，能减少矛盾。

书面直译： 多从自身找原因，少责备他人，能很少有怨恨。

◉ 不患人之不己知，患不知人也。

口语表达： 专注提升自己的同时也要学会理解他人。

书面直译： 不要担心别人不了解自己，而要担心自己不了解别人。

◎　三军可夺帅也，匹夫不可夺志也。

口语表达： 无论身处何种境地，都要坚持理想。

书面直译： 军队首领可以被改变，但人的志向不能被改变。

◎　见贤思齐焉，见不贤而内自省也。

口语表达： 学会取长补短。

书面直译： 见到有德行、有才能的人就要向他学习，见到没有德行、没有才能的人就要反省自身。

◎　知者乐水，仁者乐山。

口语表达： 爱好各不相同。

书面直译： 聪明的人喜欢水，仁德的人喜欢山。

◎　当仁不让于师。

口语表达： 真理高于一切，敢于坚持信念，不迷信权威。

书面直译： 在仁德面前，就算面对老师，也不谦让。

◉ 逝者如斯夫，不舍昼夜。

口语表达：时间飞逝。

书面直译：时间就像河水一样，日夜不停歇地流逝，一去不复返。

◉ 不患莫己知，求为可知也。

口语表达：有真才实学的人，不怕没有人知道。

书面直译：不要担心没有人知道自己，而要使自己成为值得别人知道的人。

◉ 岁寒，然后知松柏之后凋也。

口语表达：环境越恶劣，越能看出一个人的品质。

书面直译：到一年最寒冷时，才知道松柏是最后凋零的。

◉ 君子和而不同，小人同而不和。

口语表达：在人际交往中，保持原则，尊重差异。

书面直译：君子待人和善，但有独立的见解，并不盲从附和；小人虽然表面上与他人保持一致，实际上并不真正理解他人的观点。

◉ 贫而无怨难，富而无骄易。

口语表达：贫富差距容易导致心理失衡。

书面直译：贫穷时不抱怨很难做到，富裕时不骄纵则容易做到。

◉ 不怨天，不尤人，下学而上达。

口语表达：笨鸟先飞，总能有所收获。

书面直译：不埋怨上天的不公，不责怪别人，通过广泛学习知识，理解其中的哲理，获得人生真谛。

◉ 不迁怒，不贰过。

口语表达：保持冷静，不重复犯错。

书面直译：不把愤怒迁移发泄在别人身上，也不犯同样的错误。

◉ 质胜文则野，文胜质则史。文质彬彬，然后君子。

口语表达：内外兼修，才是君子风范。

书面直译：一个人过于质朴（内在品质），缺乏文采（外在表现），就显得粗俗；文采过多，不够质朴，又显得轻浮。只有文采和质朴配合恰当，才称得上君子。

◉ 择其善者而从之，其不善者而改之。

口语表达： 坚持学习，保持"空杯"心态。

书面直译： 选择对方的优点学习，反省并改正自己的缺点。

◉ 君子周而不比，小人比而不周。

口语表达： 要广结善缘，不拉帮结伙。

书面直译： 君子团结群众但不相互勾结，小人拉帮结派但不团结群众。

◉ 君子泰而不骄，小人骄而不泰。

口语表达： 为人处世要谦逊平和。

书面直译： 君子安静坦然而不傲慢无礼，小人傲慢无礼而不安静坦然。

◉ 君子疾没世而名不称焉。

口语表达： 有追求的人希望有所作为。

书面直译： 君子忧虑的是，直到去世，自己的品行、才德等都还没有为人称道、认可。

◎ 君子不器。

口语表达： 人要全面发展。

书面直译： 君子不该像器具那样，只具备单一的功能或用途，而应该博学多识。

◎ 君子有三戒：少之时，血气未定，戒之在色；及其壮也，血气方刚，戒之在斗；及其老也，血气既衰，戒之在得。

口语表达： 人在不同的年龄阶段，要克制不同的欲望。

书面直译： 君子有三件事必须警惕：年轻时，血气尚未稳定，要警惕美色；壮年时，血气方刚，要警惕逞强好斗；年老时，血气衰退，要警惕贪求名利，有损一世英名。

◎ 工欲善其事，必先利其器。

口语表达： 磨刀不误砍柴工。

书面直译： 工匠要想把活儿干好，必须先把器具打磨锋利。

◎ 君子耻其言而过其行。

口语表达： 做人要少说多做，言行一致。

书面直译： 有道德的人认为说得多而做得少是可耻的。

◎ 君子坦荡荡，小人长戚戚。

口语表达： 修养体现了一个人的心性。

书面直译： 君子总是光明磊落、心胸坦荡，小人总是斤斤计较、患得患失。

◎ 君子不以言举人，不以人废言。

口语表达： 看待一个人要客观公正。

书面直译： 君子不因为一个人话说得好就推举他，也不因为一个人品德不好就否定他的言论。

◎ 君子谋道不谋食。

口语表达： 专注做事自然会有回报。

书面直译： 君子应当用心求道，不应该费心思去谋求衣食。

◎ 君子以文会友，以友辅仁。

口语表达： 用知识结交同频的人，共同进步。

书面直译： 品德高尚的人用文章、学问结识朋友，并依靠朋友辅助提升仁德的修养。

◉ 君子讷于言而敏于行。

口语表达： 说一尺不如行一寸。

书面直译： 君子说话应该谨慎，而行动应该敏捷。

◉ 君子成人之美，不成人之恶；小人反是。

口语表达： 助人要有原则和底线。

书面直译： 君子成全别人的好事，不帮助别人做坏事。小人则相反。

◉ 君子求诸己，小人求诸人。

口语表达： 凡事先找自身原因。

书面直译： 具有高尚品行的人，遇到问题从自身找原因，小人出现麻烦总是想方设法推卸责任，从他人身上找原因。

◉ 士不可以不弘毅，任重而道远。

口语表达： 有理想的人要有坚韧的品格，因为要负重前行。

书面直译： 人不可以没有远大的志向和坚强的意志，因为要承担的责任重大，要走的路很长。

◎ 人无远虑，必有近忧。

口语表达：走好人生路要有长远眼光。

书面直译：人如果没有长远的考虑，一定会有近在眼前的忧虑。

◎ 成事不说，遂事不谏，既往不咎。

口语表达：放得下，想得开。

书面直译：已经做过的事就不用再提了，已经做完的事就不要再劝阻了，已经过去的事也不必再追究了。

◎ 不义而富且贵，于我如浮云。

口语表达：君子爱财，取之有道。

书面直译：用不正当手段获取的财富，对我来说就像天上的浮云一样没有意义。

◎ 名不正，则言不顺；言不顺，则事不成。

口语表达：师出有名，言之有理，才能行之有效。

书面直译：名义不正当，道理就讲不通；道理讲不通，事情就办不成。

◎ 欲速则不达，见小利则大事不成。

口语表达： 做事不要急功近利。

书面直译： 想求速成，反而达不到目的；贪图小利，就做不成大事。

◎ 事君数，斯辱矣；朋友数，斯疏矣。

口语表达： 在人际交往中，要保持适当距离和分寸。

书面直译： 服侍君主劝谏太过频繁，只会招来侮辱；与朋友来往规劝太过烦琐，反而会被疏远。

◎ 道听而途说，德之弃也。

口语表达： 不信谣，不传谣。

书面直译： 听到传闻不加考证就随意传播，是有道德的人所唾弃的行为。

◎ 朽木不可雕也，粪土之墙不可圬也。

口语表达： 已无药可救。

书面直译： 腐烂的木头无法雕刻，用脏土垒成的墙面难以粉刷。

◉　听其言而观其行。

口语表达： 看人要看是否能做到言行合一。

书面直译： 对于一个人，听了他说的话，还要观察他的行为是否与说的话一致。

◉　三思而后行。

口语表达： 凡事要深思熟虑。

书面直译： 遇事要反复考虑，然后再行动。

◉　不在其位，不谋其政。

口语表达： 做好本职工作。

书面直译： 不在那个职位，就不要考虑与那个职位相关的事。

◉　见利思义，见危授命。

口语表达： 面对抉择时，心里要有杆秤。

书面直译： 在看到利益时能够想到道义，在遇到危险时愿意付出生命。

◉ 己欲立而立人，己欲达而达人。

口语表达： 自己过好了也要惠及他人。

书面直译： 自己想在社会上立足，也帮助别人立足；自己想事业通达，也帮助别人事业通达。

◉ 己所不欲，勿施于人。

口语表达： 学会推己及人。

书面直译： 自己不愿做的事，也不要强迫别人。

◉ 为政以德，譬如北辰，居其所而众星共之。

口语表达： 领导者以德服人，自然民心所向。

书面直译： 统治者如果用德政治理国家，就会像北极星处在自己的位置上，众星都会环绕着它。

◉ 小不忍则乱大谋。

口语表达： 做事要顾全大局。

书面直译： 小事上不忍耐，就会坏了整体计划。

◉ 言必信，行必果。

口语表达： 说到就要做到。

书面直译： 说话一定要守信用，做事一定要果断。

◉ 过而不改，是谓过矣。

口语表达： 犯错不可怕，要勇于改正。

书面直译： 犯了错误却不改正，才是真正的过错。

◉ 四海之内皆兄弟也。

口语表达： 全国人民亲如一家。

书面直译： 普天之下到处都是兄弟朋友。

◉ 礼之用，和为贵。

口语表达： 在人际交往中，和睦相处最重要。

书面直译： 礼的作用在于使人与人之间的关系变得更加和谐。

◉ 道不同，不相为谋。

口语表达： 三观不合，不必强求合作。

书面直译： 志向和观念不同的人，不能在一起谋划共事。

◎ 其身正，不令而行；其身不正，虽令不从。

口语表达：以身作则才能有效带动团队。

书面直译：自身端正，不用命令人们就会遵行；自身不端正，即使下达命令也没有人听从。

◎ 忠告而善道之，不可则止，毋自辱焉。

口语表达：劝说朋友，尽到情分就够了。

书面直译：对待朋友要忠言相告，善意引导。如果朋友不听，就适可而止，以免自取其辱。

◎ 父母在，不远游，游必有方。

口语表达：父母健在时多孝顺父母。

书面直译：父母在世，最好不要出远门；如果要出远门，必须要有明确的方向和去处。

◎ 士志于道，而耻恶衣恶食者，未足与议也。

口语表达：跟空怀理想却整天抱怨条件差的人聊天，纯属浪费时间。

书面直译：立志追求真理而又以粗布淡饭为耻的人，不值得与他谈论真理。

◉ 巧言令色，鲜矣仁。

口语表达： 小心表面功夫做得好的人。

书面直译： 花言巧语、故作和善的人，往往缺乏真正的仁德。

◉ 与朋友交，言而有信。

口语表达： 与人交往诚信是关键。

书面直译： 与朋友交往，说话要诚实守信。

◉ 德不孤，必有邻。

口语表达： 总会找到同频共振的人。

书面直译： 有道德的人不会是孤立的，总会有思想一致的人愿意靠近。

◉ 友直，友谅，友多闻，益矣。

口语表达： 多跟能提升自己的益友交往。

书面直译： 结交正直的朋友，结交诚信的朋友，结交博学多闻的朋友，是有益处的。

◉　有教无类。

口语表达： 人人都有受教育的权利。

书面直译： 不管什么人都可以接受教育，不应该有类别和等级的区分。

◉　不知言，无以知人也。

口语表达： 善于倾听有助于了解他人。

书面直译： 不能够明辨一个人说话的内容和方式，就无法真正了解这个人。

◉　往者不可谏，来者犹可追。

口语表达： 往事难追，未来可期。

书面直译： 过去的事已经无法挽回，但将来的事还来得及改变。

◉　是可忍也，孰不可忍也。

口语表达： 人的忍耐是有限度的。

书面直译： 如果这样的事都可以容忍，还有什么事不能容忍。

悟『穷达有道』的人生智慧

《孟子》

篇章三 学习

《孟子》

《孟子》为儒家经典，由孟子及其弟子编撰，现存七篇十四卷，汇集了孟子的政治、教育与哲学思想。书中以「仁政」「性善论」为核心，提出「民贵君轻」的治国理念、「舍生取义」的道德追求与「养浩然之气」的修养之道。

其中的智慧对当下的人们颇具启示：「生于忧患」的清醒可减少内耗，「反求诸己」的省察能疏导情绪，「人皆可以为尧舜」的信念可树立信心。从「仁爱处世」到「穷达有道」，两千年前的哲思正成为人们抗焦虑、修心性的精神良方。

◉ 人之患，在好为人师。

口语表达： 不要总想着教别人做事。

书面直译： 世人的毛病，就是总喜欢当别人的老师。

◉ 无为其所不为，无欲其所不欲。

口语表达： 凡事顺其自然就行。

书面直译： 不做那些自己不该做的事情，不贪图那些自己不该得的东西。

◉ 行有不得者，皆反求诸己。

口语表达： 遇事要多反思。

书面直译： 做任何事如果没有达到预期效果，应当反过来从自己身上找原因。

◉ 故士穷不失义，达不离道。

口语表达： 无论混得好坏，都不能丢了做人的原则和底线。

书面直译： 人穷时不能丧失道德标准，发达时也不能背弃做人的原则。

◉ 人有不为也，而后可以有为。

口语表达：人的精力有限，要懂得取舍。

书面直译：只有对某些事情选择不做，才能在其他事情上有所作为。

◉ 仰不愧于天，俯不怍（zuò）于人。

口语表达：做人做事但求问心无愧。

书面直译：抬头对得起天，低头对得起人。

◉ 大人者，不失其赤子之心者也。

口语表达：保有金子般的心。

书面直译：真正伟大的人，是那些不丧失他孩童般纯真与善良之心的人。

◉ 君子以仁存心，以礼存心。

口语表达：待人要善良有礼貌。

书面直译：君子的内心时刻铭记着仁爱，言行举止始终遵循着礼仪。

◎ 故天将降大任于是人也，必先苦其心志，劳其筋骨，饿其体肤，空乏其身，行拂乱其所为，所以动心忍性，曾益其所不能。

口语表达： 每个人都有要吃的苦，要走的路。

书面直译： 上天要把重任降临在某人身上，必先使他内心痛苦，筋骨劳累，忍饥挨饿，受到贫困之苦，使他做事不顺，以此激励他的心志，使他性情坚忍，增加他所不具备的能力。

◎ 有为者辟若掘井，掘井九轫（rèn）而不及泉，犹为弃井也。

口语表达： 多一份坚持就少一些"弃井"。

书面直译： 做事就像挖井一样，即使挖到六七丈深只要还没有见到水，就仍然是一口废井。

◎ 生，亦我所欲也；义，亦我所欲也。二者不可得兼，舍生而取义者也。

口语表达： 知道自己真正想要什么。

书面直译： 生命是我所想要的，道义也是我所想要的，如果两样东西不能同时拥有，那么只好牺牲生命而选取道义了。

◉ 人性之善也，犹水之就下也。人无有不善，水无有不下。

口语表达：人性本善。

书面直译：人性本来是善良的，如同水向下流。人的本性没有不善良的，就像水没有不向下流的。

◉ 人告之以有过，则喜。

口语表达：虚心接受意见，成为更好的自己。

书面直译：听到别人指出自己的过错，就会感到高兴。

◉ 穷则独善其身，达则兼善天下。

口语表达：穷时修身，达时济世。

书面直译：不得志时就洁身自好提高个人修养，得志显达时就造福天下苍生。

◉ 君子不怨天，不尤人。

口语表达：做人要乐观向上。

书面直译：有道德的人做事不会抱怨老天，也不会抱怨他人。

◉ 富贵不能淫，贫贱不能移，威武不能屈，此之谓大丈夫。

口语表达： 大丈夫心不随外物而动。

书面直译： 富贵不能使其迷惑，贫贱不能使其变节，威逼不能让其屈服，这就是大丈夫。

◉ 孔子登东山而小鲁，登泰山而小天下。

口语表达： 人的眼界和思想需要不断突破局限。

书面直译： 孔子登上东山后，觉得鲁国变小了；登上泰山后，觉得天下都变小了。

◉ 君子不亮，恶乎执？

口语表达： 诚信是建立良好关系的关键。

书面直译： 君子如果不讲诚信的话，如何为人处世呢？

◉ 爱人者人恒爱之，敬人者人恒敬之。

口语表达： 投之以桃，报之以李。

书面直译： 敬爱他人的人，他人也会敬爱他；尊敬他人的人，别人也会尊敬他。

◎ 老吾老，以及人之老；幼吾幼，以及人之幼。

口语表达：人要尊老爱幼。

书面直译：尊敬自己的长辈，也应该尊敬别人的长辈；爱护自己的小孩，也应该爱护别人的小孩。

◎ 恭者不侮人，俭者不夺人。

口语表达：交往的修养是不揭人短、不占便宜。

书面直译：谦逊有礼貌的人不会随意侮辱他人，生活节俭朴素的人不会掠夺他人。

◎ 人不可以无耻。无耻之耻，无耻矣。

口语表达：人要有羞耻心。

书面直译：人不可以没有羞耻心。把没有羞耻心当作羞耻，就不会做真正可耻的事了。

◎ 君子之守，修其身而天下平。

口语表达：做好自己，世界自然和谐。

书面直译：君子的操守，是从修养自身开始，进而使天下太平。

◉ 祸福无不自己求之者。

口语表达：自己做事自己受。

书面直译：无论是灾祸还是幸福，都是自己做事得到的结果。

◉ 君子莫大乎与人为善。

口语表达：你好，陌生人。

书面直译：正人君子所能做到的最大的事情，就是善意地对待他人。

◉ 以力服人者，非心服也，力不赡也；以德服人者，中心悦而诚服也。

口语表达：服人之道在于品德而非武力。

书面直译：用武力征服别人，别人不会真心服从，只是因为打不过才装作服从；以道德感化别人，别人才会心悦诚服。

◉ 养心莫善于寡欲。

口语表达：想清心要少欲。

书面直译：要想修养内心，最好的办法就是减少自己的欲望。

◉ 不挟长，不挟贵，不挟兄弟而友。

口语表达： 交友要一视同仁。

书面直译： 不倚仗自己年龄大，不倚仗自己地位高，不倚仗兄弟势力去交朋友。

◉ 声闻过情，君子耻之。

口语表达： 名不副实让人羞耻。

书面直译： 如果声誉超过了实际的才德，君子就会对此感到羞耻。

◉ 生于忧患而死于安乐也。

口语表达： 人要有忧患意识。

书面直译： 忧虑祸患能使人生存发展，安逸享乐则会使人走向灭亡。

◉ 尽信《书》，则不如无《书》。

口语表达： 要辩证地看待事物。

书面直译： 完全相信《尚书》，还不如不读《尚书》。

◉ 人皆可以为尧舜。

口语表达： 每个人都是潜力股。

书面直译： 人人都可以成为尧、舜那样的贤人。

◉ 非礼之礼，非义之义，大人弗为。

口语表达： 聪明人不会做不合礼义的事。

书面直译： 不符合礼仪的礼节，不符合道义的行为，君子是不会做的。

◉ 君子有终身之忧，无一朝之患也。

口语表达： 做人要深谋远虑。

书面直译： 君子思虑的是长远大事，而不是眼前小事。

◉ 虽有天下易生之物也，一日暴之，十日寒之，未有能生者也。

口语表达： 三分钟热度只会一事无成。

书面直译： 即使是自然界容易生长的植物，晒它一天，再冻它十天，也没有能继续生长的。

◉　我善养吾浩然之气。

口语表达：人要培养正气和底气。

书面直译：我善于培养我心中的浩然之气。

◉　虽千万人，吾往矣。

口语表达：困难再大，也敢于挑战。

书面直译：纵然面对千万人，我也勇往直前。

◉　民为贵，社稷次之，君为轻。

口语表达：领导人要以民为重。

书面直译：最重要的是人民，国家是次要的，君主的地位是最轻的。

◉　得道者多助，失道者寡助。

口语表达：秉持公正做事，就会得到支持。

书面直译：拥护道义的人，会得到广泛的支持和帮助；违背道义的人，会失去支持和帮助。

◉ 至诚而不动者，未之有也。

口语表达：真诚动人心。

书面直译：用至诚的心对待别人，别人不感动是不可能的。

◉ 仁者无敌。

口语表达：善良的人最强大。

书面直译：施行仁政的人，无敌于天下。

◉ 自暴者，不可与有言也；自弃者，不可与有为也。

口语表达：要与乐观上进的人交流、共事。

书面直译：自我损害的人，不能和他交流思想；自我抛弃的人，不能和他共同做事。

◉ 劳心者治人，劳力者治于人。

口语表达：体力劳动者和脑力劳动者有不同的角色与分工。

书面直译：使用脑力的人，可以治理别人；只付出体力劳动的人，就要被人管理。

◎　人皆有不忍人之心。

口语表达：人人都有同情心。

书面直译：每个人生来都有怜悯体恤别人的心。

◎　上有好者，下必有甚焉者矣。

口语表达：上行下效，犹有过之。

书面直译：居上位的人爱好什么，下面的人必定对此更加爱好。

◎　天时不如地利，地利不如人和。

口语表达：团结一心就没有办不成的事。

书面直译：作战时，有利的天气条件比不上好的地利形势，好的地利形势比不上作战中的人心所向、团结一致。

◎　求之有道，得之有命，是求无益于得也，求在外者也。

口语表达：谋事在人成事在天，别太强求。

书面直译：寻求有一定的道路，能不能得到也有一定的规律，寻求这个行为方式对于是否能得到没有必然联系，因为寻求只是外在的行为方式。

◉ 以五十步笑百步，则何如？

口语表达： 自己不行还笑话别人，真不像话。

书面直译： 作战时后退了五十步的人嘲笑后退了百步的人，两者有什么区别。

◉ 不以规矩，不能成方圆。

口语表达： 做事要讲规矩。

书面直译： 不用圆规或曲尺，就无法准确地画出规整的方形圆形。

◉ 学问之道无他，求其放心而已矣。

口语表达： 人要不忘初心。

书面直译： 学问之道没有别的，就是把丢失的本心找回来而已。

◉ 志士不忘在沟壑，勇士不忘丧其元。

口语表达： 人生的价值要用深度衡量。

书面直译： 一个有志气的人不怕死后弃尸山沟，一个勇敢的人不怕丢了脑袋。

◉　其进锐者，其退速。

口语表达： 冲得猛，退得快。

书面直译： 前进太猛的人，后退也会快。

◉　今以其昏昏，使人昭昭。

口语表达： 教人的前提是自己要懂。

书面直译： 如今的人自己都糊里糊涂，却想要叫别人明白。

◉　人之相识，贵在相知；人之相知，贵在知心。

口语表达： 与人相处，关键要相互了解、真心以待。

书面直译： 人与人之间的交往，最可贵的是能够相互了解；而相互了解的基础，则在于能够深入地了解对方的心灵和思想。

◉　权，然后知轻重；度，然后知长短。

口语表达： 没有调查就没有发言权。

书面直译： 用秤称一称，才能知道轻重；用尺量一量，才能知道长短。

◎ 人恒过，然后能改。

口语表达： 有错能改才可贵。

书面直译： 人都会犯一些错误，然后才能改正。

◎ 心之官则思，思则得之，不思则不得也。

口语表达： 思考多一步，收获就多一分。

书面直译： 心的作用就是思考，经过思考才可以有所收获，不思考就不会有收获。

◎ 有不虞之誉，有求全之毁。

口语表达： 面对夸奖和批评泰然处之。

书面直译： 一个人往往会得到意想不到的赞誉，也会受到因苛求完美而来的诋毁或批评。

◎ 顺天者存，逆天者亡。

口语表达： 适者生存。

书面直译： 顺从天道的就生存，违背天道的则灭亡。

◉　夫人必自侮，然后人侮之。

口语表达： 人要自尊自爱。

书面直译： 人一定是先有自取侮辱的行为，别人才会侮辱他。

◉　治人不治，反其智。

口语表达： 管理无效要及时反思。

书面直译： 管理人却管不好，就该反省自己才智够不够。

◉　犹以一杯水救一车薪之火也。

口语表达： 能力有限，解决不了问题。

书面直译： 用一杯水去救一车着了火的柴草。

◉　不违农时，谷不可胜食也。

口语表达： 合理利用资源才可持续发展。

书面直译： 如果不耽误农忙耕种的时节，那么谷物丰收就不会缺乏。

篇章四　阅读

《中庸》

悟得「致中和」的处世哲学

《中庸》

《中庸》原为《礼记》篇目，是古代论述人生修养的道德哲学经典，宋元后为科举必考，对传统教育影响深远。

全书以「中庸之道」为核心，倡导「不偏不倚」的处世智慧，提出「慎独自修」「至诚尽性」等理念，既重自我省察，亦求和谐境界，是中国人修身治世的哲学指南。其「致中和」的智慧，有助于人们在焦虑与躺平之间寻求平衡——以「素其位而行」安顿内心，用「和而不流」应对挑战，让「韬光养晦」成为从容自洽的人生智慧。

◎ 中庸者，不偏不倚，无过不及，而平常之理，乃天命所当然。

口语表达：做事有度，恰到好处。

书面直译：中庸的人做事不偏不倚，不会超过或少于本来的度，而是按照平常的道理行事，是自然规律所决定的，是理所当然的。

◎ 言顾行，行顾言。

口语表达：言行要一致。

书面直译：人在说话时要考虑自己能不能做到，做事时要考虑是不是与自己所说的话一致。

◎ 居上不骄，为下不倍。

口语表达：视情势变化调整自身。

书面直译：身居高位但不骄傲，身居低位但不背叛。

◎ 万物并育而不相害。道并行而不相悖。

口语表达：和而不同，多元并存。

书面直译：天下万物能一同发育而不相互危害，各种行为准则能同时进行而不相互矛盾。

◎ 道不远人，人之为道而远人，不可以为道。

口语表达：中庸是生活哲学，从日常生活的点滴小事中就能付诸实践。

书面直译：道存在于人们之间，并不远离大家。但有人修道却故作高深，使"道"与大家日益远离，那就不可以称为修中庸之道了。

◎ 君子中庸，小人反中庸。

口语表达：做事理性不极端。

书面直译：君子的言行符合中庸的准则，小人的言行则总是违背中庸的道理。

◎ 知所以修身，则知所以治人。

口语表达：提升自己才能更好地管理团队。

书面直译：知道了怎样修身，就知道了怎样治理人。

◎ 君子不动而敬，不言而信。

口语表达：修养不仅体现在公众场合，也体现在独处时。

书面直译：君子即使没有做出行动也保持恭敬的姿态，即使不说话也保持着诚信的心地。

◉ 喜怒哀乐之未发，谓之中。

口语表达：学会控制各种情绪。

书面直译：喜怒哀乐的情感尚未表达出来的时候，这种平和的状态称为"中"。

◉ 致中和，天地位焉，万物育焉。

口语表达：万物都讲究平衡。

书面直译：达到中和的境界，天地便各得其所，万物便生长发育。

◉ 君子素其位而行，不愿乎其外。

口语表达：做好分内事。

书面直译：君子安心于此时此刻所处的地位去做分内的事，不做权力以外的事，不生非分之想。

◉ 在上位，不陵下。

口语表达：领导者不要以势压人。

书面直译：君子身处上位的时候，不作威作福，不欺凌地位不如自己的人。

⊙ 博学之，审问之，慎思之，明辨之，笃行之。

口语表达：学习要全面，做到知行合一。

书面直译：广泛地学习各种各样的知识，对所学知识深入地追问，仔细地思考和分析，能明确辨别和判断，坚定地去践行所学的知识。

⊙ 或生而知之，或学而知之，或困而知之。

口语表达：每个人都有适合自己的学习方法。

书面直译：有的人天生就知道这些道理，有的人通过学习才知道，有的人遇到困惑去学习从而知道。

⊙ 大德必得其位，必得其禄，必得其名，必得其寿。

口语表达：有修养的人会得到应得的一切。

书面直译：道德高尚的人，一定会处在相应的位置，得到相应的财富，与之相应的名望，以及相应的寿命。

⊙ 君子无入而不自得焉。

口语表达：处世要有平常心。

书面直译：君子无论处于何种境地，都能够保持平和的心态。

◉　正己而不求于人则无怨。

口语表达： 通过反省提升修养。

书面直译： 只求端正自己的行为而不苛求别人，心中就会泰然而没有怨恨。

◉　君子之道，闇（àn）然而日章。

口语表达： 注重内心修养，深藏不露。

书面直译： 君子的处世之道，在于外表安然，但内在的美德日益彰明。

◉　凡事豫则立，不豫则废。

口语表达： 不打无准备之仗。

书面直译： 做任何事，有准备就容易成功，没准备就会失败。

◉　君子内省不疚，无恶于志。

口语表达： 人要有慎独精神。

书面直译： 君子自我反省，内心没有不安和愧疚，没有恶念存于心志之中。

◉ 人一能之，己百之；人十能之，己千之。

口语表达：勤能补拙。

书面直译：别人学一次就会了，我就学它一百次；别人学十次就会了，我就学它一千次。

◉ 君子戒慎乎其所不睹，恐惧乎其所不闻。

口语表达：一个人时也不要放松要求。

书面直译：君子在不被人看到的地方也应当谨慎警戒，在不被人听闻的时刻也应怀有警醒慎惧之心。

◉ 君子之道，辟如行远必自迩（ěr），辟如登高必自卑。

口语表达：做事要脚踏实地，循序渐进。

书面直译：君子实行中庸之道，就像走远路一样，必定要从近处开始；就像登高山一样，必定要从低处起步。

◉ 好学近乎知，力行近乎仁，知耻近乎勇。

口语表达：从知识、道德和勇气三方面提升综合素质。

书面直译：爱好学习的人接近于智，努力实践的人接近于仁，知道羞耻的人接近于勇。

◉　射有似乎君子；失诸正鹄（hú），反求诸其身。

口语表达：面对挫折，先反思再改进。

书面直译：君子立身处世就像射箭一样，射而不中，并不抱怨箭靶不正，而是反省自己，寻找改进的方向。

◉　君子居易以俟命，小人行险以徼（jiǎo）幸。

口语表达：做人要安分守己。

书面直译：君子安居现状，等待天命安排；小人却铤而走险，妄图获得非分的利益。

◉　诚者，天之道也；诚之者，人之道也。

口语表达：人贵在真诚。

书面直译：真诚是自然界的本真状态，人应该追求并实现真诚，这是做人的基本原则。

◉　果能此道矣，虽愚必明，虽柔必强。

口语表达：坚持就会有成效。

书面直译：如果真的能做到这样，愚蠢的人会变得聪明起来，柔弱的人也会变得坚强起来。

◎　天之生物，必因其材而笃焉。故栽者培之，倾者覆之。

口语表达： 物竞天择，优胜劣汰。

书面直译： 上天生养万物，必定根据它们的天性而厚待它们。所以，能栽种的就培育它，不能栽种的就毁灭它。

◎　君子之道费而隐。

口语表达： 中庸精神在生活中应用广泛。

书面直译： 君子的中庸之道，广大而又精微（涉及生活的方方面面）。

◎　人皆曰予知，择乎中庸而不能期月守也。

口语表达： 自己选的路，跪着也要走完。

书面直译： 人人都说自己聪明，可是选择了中庸之道奉行却连一个月时间也不能坚持。

◎　君子之道，淡而不厌。

口语表达： 为人处世要温和适度。

书面直译： 君子的为人之道，平淡而不令人厌烦。

篇章五　学习

《大学》

在反思中修心养性

《大学》

《大学》原为《小戴礼记》篇目，相传为曾子所作，朱熹将该书与《论语》《孟子》《中庸》合编为『四书』。

全书以『三纲八目』为核心，阐述修身与治国平天下的内在关联，强调『修身为本』。书中构建『格物、致知、诚意、正心、修身、齐家、治国、平天下』的实践体系，提出『止于至善』的修养目标，帮助人们通过自我觉察提升内在修养，在困境中锤炼情绪定力，让古代『修身为本』的智慧成为自我提升的行动指南。

◉ 大学之道，在明明德，在亲民，在止于至善。

口语表达：大学的目的是培养社会需要的人才。

书面直译：大学的宗旨，在于弘扬自身本有的光明品德，在于推己及人使人弃旧图新，在于使人达到道德修养的至善境界。

◉ 物有本末，事有终始。知所先后，则近道矣。

口语表达：做事要抓根本，明先后。

书面直译：万物都有本有末，万事都有始有终。明白了事物本末始终的道理，按照先后顺序做事，就接近事物发展的规律了。

◉ 君子有诸己而后求诸人，无诸己而后非诸人。

口语表达：先做好自己，再要求别人。

书面直译：君子对于优点，要自己拥有以后再去要求别人；对于缺点，要自己没有以后再去要求别人。

◉ 所谓诚其意者，毋自欺也。

口语表达：真诚面对自己。

书面直译：所谓心意真诚，就是不要自我欺骗。

⊙ 欲治其国者，先齐其家；欲齐其家者，先修其身。

口语表达：先做人，后做事。

书面直译：想要治理好国家，就先要管理好家庭；想要管理好家庭，就先要修养自身品性。

⊙ 富润屋，德润身，心广体胖。

口语表达：精神富足比物质财富更让人愉悦。

书面直译：财富可以修饰房屋，品德可以修养身心，心胸宽广可以使身体舒适。

⊙ 君子有大道，必忠信以得之，骄泰以失之。

口语表达：以诚信治理团队才能长久。

书面直译：君子在治国理政中应当遵循的原则，即必须依靠忠诚信义来获得民心，骄横奢侈就会失去民心。

⊙ 生财有大道。

口语表达：赚钱要讲究方法。

书面直译：创造财富有正确的途径，必须遵从时令和客观条件的约束。

◉ 好人之所恶，恶人之所好，是谓拂人之性，灾必逮夫身。

口语表达： "合群"是生存之道。

书面直译： 喜好人们所厌恶的，厌恶人们所喜好的，这样违背人的本性，灾害必定会落到他的身上。

◉ 言悖而出者，亦悖而入。

口语表达： 说话讲理才不会被人以牙还牙。

书面直译： 说话不讲道理的人，也会被人家用不讲道理的话来回应。

◉ 财聚则民散，财散则民聚。

口语表达： 财富要合理分配。

书面直译： 统治者过度敛财就会失去人心，而把财富分散出去则会得到人心。

◉ 苟日新，日日新，又日新。

口语表达： 优秀的人善于自我革新。

书面直译： 如果能每日除旧更新，就应日日除旧更新，并每日不间断地更新再更新。

◎ 心不在焉，视而不见，听而不闻，食而不知其味。

口语表达： 心不在焉就无法掌握知识的要点。

书面直译： 当一个人的心思不在当前事物上时，尽管他在看、在听、在吃东西，但实际上并没有真正注意到这些事物的细节和滋味。

◎ 道得众则得国，失众则失国。

口语表达： 得民心者得天下。

书面直译： 治国之道是能得到众人拥护就能得到国家政权，失去众人拥护就会失去国家权力。

◎ 仁者以财发身，不仁者以身发财。

口语表达： 人要有正确的财富观和价值观。

书面直译： 仁德的人善于运用财富发展自己提升德行，不仁德的人不惜以生命为代价去敛取钱财。

◎ 一言偾（fèn）事，一人定国。

口语表达： 领导力是决定成败的关键。

书面直译： 一句话可以坏事，一个人可以安定国家。

◉ 未有学养子而后嫁者也。

口语表达： 技能都是在实践中掌握的。

书面直译： 没有哪个女子是先学习抚养孩子的方法后再嫁人的。

◉ 知止而后有定。

口语表达： 明确目标才不会迷茫。

书面直译： 知道应要达到的境界，才能确定志向。

◉ 好而知其恶，恶而知其美者，天下鲜矣。

口语表达： 能客观看待他人的人很少。

书面直译： 能够做到喜爱某人而能知道他的缺点，厌恶某人而能知道他的优点，这样的人天下少有。

◉ 所恶于上，毋以使下。

口语表达： 做人做事要将心比心。

书面直译： 你不喜欢上面的人对你所做的，就不要用同样的做法对待你下面的人。

◎ 君子先慎乎德。

口语表达：做人德为先。

书面直译：君子应该首先注重德行的培养。

◎ 德者，本也；财者，末也。

口语表达：品德比钱财重要。

书面直译：德行是为人的根本，财富是最不重要的末事。

◎ 心诚求之，虽不中，不远矣。

口语表达：精诚所至，金石为开。

书面直译：任何事情只要以真心追求，用诚心去做，即使没有达到目的也离目标不远了。

◎ 为人君，止于仁；为人臣，止于敬；为人子，止于孝；为人父，止于慈。

口语表达：不同的社会角色要遵循相应的规范。

书面直译：做人君要仁爱，做人臣要恭敬，做人子要孝顺，做人父要慈爱。

◎ 诚于中，形于外，故君子必慎其独也。

口语表达： 品行一致的人时刻保持自律。

书面直译： 内心真实的想法一定会反映在外在行为上，因此君子哪怕在独处时也会保持谨慎，严格要求自己。

◎ 所藏乎身不恕，而能喻诸人者，未之有也。

口语表达： 教导别人要先武装自己。

书面直译： 如果自己不能做到忠恕之道，却想要求别人明白并做到忠恕之道，是不可能的事。

◎ 自天子以至于庶人，壹是皆以修身为本。

口语表达： 加强品德修养是做人的根本。

书面直译： 上自天子，下至平民百姓，人人都要以修养品性作为根本。

◎ 见贤而不能举，举而不能先，命也。

口语表达： 合理选拔和任用人才。

书面直译： 发现贤才却不推荐，推荐了却不及时重用，是怠慢的做法。

◉　所谓修身在正其心者，身有所忿懥（zhì），则不得其正。

口语表达： 学会不被情绪左右。

书面直译： 修养自身的品性要先端正自己的心思，如果心有愤怒，就无法保持心态端正。

◉　宜兄宜弟，而后可以教国人。

口语表达： 小家和睦，国家才能和谐。

书面直译： 家庭内部的兄弟和睦了，才能够教育国民都和睦。

◉　人莫知其子之恶。

口语表达： 人很难客观评价亲近的人。

书面直译： 人们常常只能看到别人家孩子的缺点，却看不到自己孩子的缺点。

◉　道善则得之，不善则失之矣。

口语表达： 善恶有报，天理昭彰。

书面直译： 行善积德便能得到天命庇佑，作恶多端便会失去天命庇佑。

参透『无为』非消极

《道德经》

篇章六 借用

《道德经》

《道德经》又称《老子》，为春秋时期老子所著的道家经典，分《道经》和《德经》，以「道」为核心，含宇宙观、人生观及修身、处世、养生等智慧。

全书五千余言，凝聚「道法自然」「反者道之动」等哲思，倡导「上善若水」「知足不辱」的生活态度。其「无为」非消极，而是「辅万物之自然」的顺势而为的智慧，让现代人从「治大国若烹小鲜」的从容智慧中缓解焦虑，以「见素抱朴」的本真重获心灵的宁静。

◉ 上善若水，水善利万物而不争。

口语表达：利他就是利己。

书面直译：最好的行为典范就像水一样，水善于滋润万物而不争夺功德。

◉ 祸兮福之所倚，福兮祸之所伏。

口语表达：祸福并不绝对，两者相互依存。

书面直译：祸事中常常含藏着好事的因素，好事中常常潜伏着祸事的根子。

◉ 不知常，妄作，凶。

口语表达：蛮干只会增加风险。

书面直译：不认识事物的发展变化规律，盲目乱干、胡作非为，往往会出现凶险的情况。

◉ 功遂身退，天之道。

口语表达：适当后退也是智慧。

书面直译：大功告成后就脱身退出，这是合乎天道的行为。

◉ 知止可以不殆。

口语表达：凡事不要做得太过。

书面直译：懂得适可而止就不会遇到危险。

◉ 轻诺必寡信。

口语表达：随口答应的事不可靠。

书面直译：轻易许诺，势必缺少信用。

◉ 天地不仁，以万物为刍狗。

口语表达：平等地看待所有事物。

书面直译：天地无所谓仁爱之心，把万物都当作草、狗一样来看待。

◉ 胜人者有力，自胜者强。

口语表达：自我超越才是真正的强大。

书面直译：战胜别人只能说明有力量，能克服自身的缺点才是真正强大。

◉ 祸莫大于不知足，咎莫大于欲得。

口语表达： 做人最忌贪得无厌。

书面直译： 最大的祸害是不知足，最大的过失是贪得无厌。

◉ 知不知，尚矣；不知知，病也。

口语表达： 对自己要有清晰的认知。

书面直译： 知道自己还有所不知，这很高明；不知道却自以为知道，这就是弊病。

◉ 天网恢恢，疏而不失。

口语表达： 坏人逃脱不了制裁。

书面直译： 天道就像一张广大无边的网，虽然看起来稀疏，但绝不会遗漏任何事物。

◉ 慎终如始，则无败事。

口语表达： 做事要有始终如一的态度。

书面直译： 做事如果到结束时仍像开始时那么慎重，就不会有失败的事了。

◉ 轻则失根，躁则失君。

口语表达：做事冒失、急躁会失去掌控权。

书面直译：轻率的行为会使人失去根本，急躁的行为会使人失去控制力。

◉ 企者不立，跨者不行。

口语表达：踏踏实实做事。

书面直译：踮起脚尖想要站得高，反而站不住；迈开大步想要快走，反而走不快。

◉ 少则得，多则惑。

口语表达：做事要专注，不要贪多嚼不烂。

书面直译：追求得少反能多得，贪多求全反而容易迷失。

◉ 大直若屈，大巧若拙，大辩若讷。

口语表达：优秀的人都很低调。

书面直译：最正直的看似委曲求全，最灵巧的看似笨拙无华，最能言善辩的看似不善言辞。

◉ 其出弥远，其知弥少。

口语表达： 知道得越多越无知。

书面直译： 向外奔逐得越远，就越能知道自己掌握的知识少。

◉ 民至老死，不相往来。

口语表达： 把自己活成了孤岛。

书面直译： 人们从出生到死亡，彼此之间没有任何往来。

◉ 勇于敢则杀，勇于不敢则活。

口语表达： 示弱也是生存智慧。

书面直译： 妄为会招来杀身之祸，示弱往往能保全性命。

◉ 合抱之木，生于毫末；九层之台，起于累土；千里之行，始于足下。

口语表达： 无论做什么都要从头开始。

书面直译： 合抱的大树，是从细小的萌芽生长起来的；极高的高台，是用一筐筐的泥土堆积起来的；长达千里的远行，是从脚下第一步开始走出来的。

◉ 后其身而身先，外其身而身存。

口语表达： 不计个人得失能获得更持久的成功。

书面直译： 把自身利益放在后面反而能够先人一步，把自身生死置之度外反而能够保全自己。

◉ 知人者智，自知者明。

口语表达： 人贵在有自知之明。

书面直译： 能够了解别人的人顶多算聪明，能够了解自己的人才是真正的智慧。

◉ 天下难事，必作于易。

口语表达： 做事要由浅入深。

书面直译： 处理难事，一定要从简单的地方开始。

◉ 致虚极，守静笃。

口语表达： 坚守初心，不被外物所扰。

书面直译： 让内心回归纯净的初始状态，坚定地保持这种宁静，达到深厚、笃定的程度。

◎ 美言可以市尊，美行可以加人。

口语表达：良好的言行有助于拓宽人脉。

书面直译：美好的言辞可以换来他人尊重，美好的行为可以勉励他人。

◎ 故知足不辱，知止不殆，可以长久。

口语表达：知足才能常乐。

书面直译：所以懂得满足就不会受到屈辱，懂得适可而止就不会遇到危险，这样才可以保持住长久的平安。

◎ 执古之道，以御今之有。

口语表达：借古鉴今，古为今用。

书面直译：遵循于自古以来就有的大道，来驾驭当今现实世界中的具体实际。

◎ 道生一，一生二，二生三，三生万物。

口语表达：事物的发展自有规律。

书面直译：道是独一无二的，道本身包含阴阳二气，阴阳二气相交而形成一种适匀的状态从而形成人，阴阳二气与人相互配合，万物在这种状态中产生。

◎ 大成若缺，其用不弊。大盈若冲，其用不穷。

口语表达： 人要追求向内生长，不被表象迷惑。

书面直译： 最完美的事物看起来好像有所欠缺，但是内在价值却永远不会耗尽。最充盈的东西看起来好像虚无，然而作用却不会穷尽。

◎ 天下之至柔，驰骋天下之至坚。

口语表达： 柔能克刚。

书面直译： 天下最柔软的东西，可以存在于天下最坚硬的东西之中。

◎ 宠辱若惊，贵大患若身。

口语表达： 不要太在意荣辱得失。

书面直译： 得宠和受辱都感到惊恐，把大患看得和自身性命一样重要。

◎ 为之于未有，治之于未乱。

口语表达： 提早准备，主动出击。

书面直译： 在事情还没有开始时就要有所作为，在混乱还没发生时就要开始治理。

◉ 多言数穷，不如守中。

口语表达： 多说多错，不如沉默。

书面直译： 说话太多，会使自己陷入困境，还不如保持沉默，把话留在心里。

◉ 坚强者死之徒，柔弱者生之徒。

口语表达： 过刚易折，人要懂得变通。

书面直译： 坚强的东西属于死亡的一类，柔弱的东西属于生长的一类。

◉ 强大处下，柔弱处上。

口语表达： 柔弱是另一种强大。

书面直译： 凡是强大的，总是处于下位；凡是柔弱的，反而居于上位。

◉ 飘风不终朝，骤雨不终日。

口语表达： 人不会一直倒霉。

书面直译： 狂风不会整天刮，暴雨总有终止的时候。

◎　知足者富。

口语表达：满足的人最富有。

书面直译：知道满足的人才是富有的人。

◎　知其雄，守其雌，为天下谿（xī）。

口语表达：谦逊包容比一味争强更易成功。

书面直译：虽然深知什么是强大，却甘守雌柔的地位，就像天下的溪流般不争不抢，汇聚水流默默流淌。

◎　夫唯不争，故天下莫能与之争。

口语表达：不争等同立于不败之地。

书面直译：一个人不执着于争，天下就没有人能把他作为对手而与他争。

◎　国之利器不可以示人。

口语表达：核心机密不能暴露。

书面直译：治国的利器（关键实力、机密决策等）不可以轻易向他人展示。

让『乐逍遥』照进现实

《南华经》

篇章七 细品

《南华经》

《南华经》又称《庄子》，为战国中后期庄子及其后学所著的道家经典。该书以「道」为核心，主张「顺应自然」「物我两忘」，构建精神自由的哲学体系，涵盖人生、自然等多元智慧。书中借「庖丁解牛」喻顺势之道，以「鲲鹏展翅」示超越之境。庄子看似「出世」的态度，实则是在「鹪鹩巢林，不过一枝」的知足中化解焦虑，在「安时而处顺」的通透中减少内耗。其哲思可为现代人对抗精神困境提供解药，让「逍遥」智慧照进现实生活。

◉ 人生天地之间，若白驹之过郤（xì），忽然而已。

口语表达： 人不过是时间的过客。

书面直译： 人生在天地之间，就像白马在细小的缝隙前跑过一样，只不过一瞬间罢了。

◉ 水之积也不厚，则其负大舟也无力。

口语表达： 基础不牢，地动山摇。

书面直译： 如果水的蓄积不够深厚，那么它承载大船就没有力量。

◉ 巧者劳而知者忧，无能者无所求。

口语表达： 每个人都有自己的活法。

书面直译： 手艺精巧的人多劳累，聪慧的人多忧虑，没有能耐的人没有追求反而更自在。

◉ 生之来不能却，其去不能止。

口语表达： 生死由命。

书面直译： 生命的到来无法抗拒，一旦离去也无法挽留。

◉ 真者，精诚之至也。不精不诚，不能动人。

口语表达：与人交往要真诚。

书面直译：真诚的人，能做到诚的极致。不真诚就不能打动别人。

◉ 吾生也有涯，而知也无涯。以有涯随无涯，殆已！

口语表达：在有限的生命里，做真正有意义的事。

书面直译：人的生命是有限的，但知识是无限的。用有限的生命去追求无限的知识，就会陷入疲惫！

◉ 人皆知有用之用，而莫知无用之用也。

口语表达：看待事物不要过于功利。

书面直译：人们都知道那些有明显用途的事物的作用，却不知道那些看似没有直接用途的事物也有其独特的作用。

◉ 君子之交淡若水，小人之交甘若醴（lǐ）。

口语表达：朋友之间还是纯粹些好。

书面直译：君子之间的交情像水一样清澈、纯洁，虽平淡但亲近；小人之间的交往像甜酒，虽亲密但极易因利益断交。

◎　哀莫大于心死，而人死亦次之。

口语表达： 丧失了对生活的热爱是最大的悲哀。

书面直译： 最大的悲哀是精神麻木，精神毁灭了，肉体死亡还在其次。

◎　知足者，不以利自累也。

口语表达： 知足的人不为名利负累。

书面直译： 知道满足的人，不因为利禄使自己奔波劳累。

◎　井蛙不可以语于海者，拘于虚也；夏虫不可以语于冰者，笃于时也。

口语表达： 不必与见识短浅的人较真。

书面直译： 对井底之蛙，不可能和它谈论大海，因为它受限于空间；对夏季的虫，不可能和它谈论冰雪，因为它受限于时间。

◎　知其愚者，非大愚也。

口语表达： 认识到自己的无知是真正的智慧。

书面直译： 知道自己愚笨的人，并不是真正愚笨的人。

◉ 大知闲闲，小知间间。

口语表达：层次不同的人对事物有不同态度。

书面直译：才智超群的人广博豁达，只有点小聪明的人则乐于细察、斤斤计较。

◉ 天地与我并生，而万物与我为一。

口语表达：人与自然是生命共同体。

书面直译：天地与我共同存在，万物与我融为一体。

◉ 举世誉之而不加劝，举世非之而不加沮。

口语表达：保持无负累的心态。

书面直译：世人都赞誉他，他也不会因此更加勤勉；世人都诋毁他，他也不会因此感到沮丧。

◉ 夫以利合者，迫穷祸患害相弃也。

口语表达：有些人可同甘不可共苦。

书面直译：因为利益结合在一起的人，遇到困厄、灾祸、忧患与伤害，就会相互抛弃。

◉ 白玉不毁，孰为珪（guī）璋（zhāng）。

口语表达： 不经雕琢不成器。

书面直译： 洁白的玉石若不剖开精心雕琢，哪能成为贵重的玉器！

◉ 不能容人者无亲，无亲者尽人。

口语表达： 心胸狭隘的人会被孤立。

书面直译： 不能容纳他人的人没有亲近的人，没有亲近的人会被人们所疏远。

◉ 朴素而天下莫能与之争美。

口语表达： 本性朴实的人最美。

书面直译： 如果一个人能保持淳朴本性，那世界上没有与他媲美的。

◉ 方生方死，方死方生。

口语表达： 生与死循环往复。

书面直译： 事物自生之时就开始慢慢走向死亡，事物死的时候也意味着生的开端。

◉ 相呴（xǔ）以湿，相濡以沫，不如相忘于江湖。

口语表达： 人生最难的修行是学会放下。

书面直译： 互相大口出气来取得一点湿气，以唾沫相互润湿，与此相比它们宁愿回到江湖里彼此相忘。

◉ 道隐于小成，言隐于荣华。

口语表达： 要透过现象看本质。

书面直译： 真理容易被主观见解隐蔽，而至言容易被花言巧语掩盖。

◉ 其耆（shì）欲深者，其天机浅。

口语表达： 物欲会蒙蔽智慧。

书面直译： 一个人的嗜好欲望太多的话，本性智慧就会被遮蔽。

◉ 知其不可奈何而安之若命，德之至也。

口语表达： 人很难做到随遇而安。

书面直译： 知道自己的困难处境无法改变，而安于这种处境，只有道德高尚的人才能做到。

◉ 来世不可待，往世不可追也。

口语表达：不念过往，活好当下。

书面直译：未来的世界不可期待，过去的时日无法追回。

◉ 日出而作，日入而息，逍遥于天地之间而心意自得。

口语表达：早出晚归的规律生活。

书面直译：太阳升起时就劳作，太阳下山了就回家休息，在天地之间过着悠闲自在的生活，心情快活自得。

◉ 人心险于山川，难于知天。

口语表达：人心复杂难以捉摸。

书面直译：人心的复杂远比山川险恶，理解人心比探知天象更困难。

◉ 以火救火，以水救水，名之曰益多。

口语表达：方法不对会导致问题加重。

书面直译：用火来救火灾，用水来救水灾，不但没有效果，反而会增加过错。

◉ 以道观之，物无贵贱。

口语表达： 众生平等，不分贵贱。

书面直译： 从自然常理的角度来看，万物没有贵和贱的分别。

◉ 好面誉人者，亦好背而毁之。

口语表达： 人前一套背后一套。

书面直译： 喜欢当面说好听话的人，也必然喜欢背地诽谤诋毁别人。

◉ 无物不然，无物不可。

口语表达： 万物都有其存在的合理性。

书面直译： 没有什么事物不存在正确的一面，也没有什么事物不存在认可的一面。

◉ 狗不以善吠为良，人不以善言为贤。

口语表达： 言论不代表人品。

书面直译： 不能因为一只狗会叫就认为是好狗，不能因为一个人会说话便认为是贤能。

篇章八 走近 《韩非子》

看透人性好利

《韩非子》

《韩非子》为战国法家经典，汇编韩非政论而成，系统阐释人性、权术与法治思想。它融合商鞅的「法」、申不害的「术」、慎到的「势」，构建「法术势兼治」体系，被历代统治者奉为权谋宝典。

书中有「自相矛盾」的思辨故事、「不期修古」的革新理念、「人性好利」的现实洞察，无论是职场新人还是管理者，均可从中汲取智慧，以「循名责实」优化管理，用「因势利导」应对博弈，借「法不阿贵」建立边界，让古代帝王之术成为现代进阶之梯。

◉ 一手独拍，虽疾无声。

口语表达： 独木难支。

书面直译： 一只手单独拍打，虽然速度快，但不会发出声音。

◉ 火形严，故人鲜灼（zhuó）；水形懦（nuò），人多溺。

口语表达： 法律严明才有震慑力。

书面直译： 火的形态很猛烈，所以被烧伤的人很少；水的形态很柔弱，所以被淹死的人很多。

◉ 利莫长于简，福莫久于安。

口语表达： 简单朴素的生活更长久。

书面直译： 没有比简朴更持久的利益，也没有比安心更持久的福分。

◉ 不吹毛而求小疵（cī），不洗垢而察难知。

口语表达： 凡事要学会抓主要矛盾。

书面直译： 不要吹开皮上的毛发去寻找其中的小疤痕，不要洗掉污垢去细察难以知晓的毛病。

◎　千丈之堤，以蝼蚁之穴溃；百尺之室，以突隙之烟焚。

口语表达： 要用发展的眼光看事物，防微杜渐。

书面直译： 千里大堤，因为有蝼蛄、蚂蚁打洞，可能会因此而决堤；百尺高楼，可能因为烟囱的缝隙冒出火星，引起火灾而焚毁。

◎　治强生于法，弱乱生于阿。

口语表达： 依法治国才能长治久安。

书面直译： 国家的安定和强大来自依法办事，国家的衰弱和动乱来自枉法办事。

◎　事以密成，语以泄败。

口语表达： 言多必失。

书面直译： 事情因保守机密而成功，因谈话泄露机密而失败。

◎　小知不可使谋事，小忠不可使主法。

口语表达： 选拔人才要注重综合素质。

书面直译： 有小聪明的人不可让他参与谋划大事，只在小处尽忠的人不可让他掌管法令。

◉　虚静无事，以暗见疵（cī）。

口语表达： 领导者要给人高深莫测的印象。

书面直译： 君主要保持一种虚静无为的状态，从隐蔽的角度观察臣子的行为漏洞。

◉　长袖善舞，多钱善贾（gǔ）。

口语表达： 有优越的条件和能力，就容易成功。

书面直译： 衣服的袖子长跳起舞来就更好看，本钱多做起买卖就更得心应手。

◉　巧诈不如拙诚。

口语表达： 真诚才是必杀技。

书面直译： 巧妙的奸诈，比不上笨拙的诚实。

◉　以人言善我，必以人言罪我。

口语表达： 交友要有主见，不要过度依赖别人的看法。

书面直译： 因为他人的话而对我友好，也一定会因为他人的话来怪罪我。

◉　祸难生于邪心，邪心诱于可欲。

口语表达： 警惕内心的欲望。

书面直译： 祸难的产生是由于心生邪念，之所以产生邪念是受了欲望的诱惑。

◉　势有不可得，事有不可成。

口语表达： 人生不如意事十之八九，莫强求。

书面直译： 形势总有不得心应手的地方，也总有办不成的事情。

◉　君子不蔽人之美，不言人之恶。

口语表达： 多看别人优点，少说别人缺点。

书面直译： 君子不会遮掩或贬低别人的优点，也不会随意谈论别人的缺点。

◉　法不阿贵，绳不挠曲。

口语表达： 法律面前人人平等。

书面直译： 法律不会偏袒有权有势的人，墨绳不会迁就弯曲的木材。

◉　右手画圆，左手画方，不能两成。

口语表达： 做事不专注只会一事无成。

书面直译： 一个人同时用右手画圆，左手画方，结果两个都画不成。

◉　冰炭不同器而久，寒暑不兼时而至。

口语表达： 对立的事物不相容。

书面直译： 冰块与炭火放在一个容器里不能持久，严寒与酷暑不能在同一时间来到。

◉　矜伪不长，盖虚不久。

口语表达： 任何形式的欺骗都会被发现。

书面直译： 欺骗性的自我吹嘘，不用很长时间就会被识破；掩盖真相、弄虚作假，不用多久就会被揭穿。

◉　恃人不如自恃也。

口语表达： 靠人不如靠己。

书面直译： 依靠别人，不如依靠自己。

◉ 不知足者之忧，终身不解。

口语表达： 幸福属于知足的人。

书面直译： 人的欲望是没有止境的，被欲望吞噬、永不满足的人，可能一生都会困于烦恼痛苦中，得不到解脱。

◉ 宰相必起于州部，猛将必发于卒伍。

口语表达： 人才都是从基层选拔出来的。

书面直译： 宰相一定是从基层州部提拔上来的，猛将一定是从士兵队伍中挑选出来的。

◉ 江海不择小助，故能成其富。

口语表达： 学会接纳更容易成功。

书面直译： 江海不拒绝细小的水流帮助，所以能变得浩瀚。

◉ 虽无飞，飞必冲天；虽无鸣，鸣必惊人。

口语表达： 积累和等待是为了更好地爆发。

书面直译： 虽然现在不飞翔，但日后必然一飞冲天；虽然现在不鸣叫，但日后必然一鸣惊人。

◉　狡兔尽则良犬烹，敌国灭则谋臣亡。

口语表达： 没有了利用价值，注定被舍弃。

书面直译： 狡猾的野兔死光了，再好的猎犬也会遭到烹煮；敌国被消灭了，那么出谋划策的功臣也就活不成了。

◉　目失镜，则无以正须眉；身失道，则无以知迷惑。

口语表达： 做人要头脑清醒，有原则。

书面直译： 眼睛离开镜子，就无法修整好胡子眉毛；自身没有做人的准则，就不能辨别是非。

◉　安危在是非，不在于强弱。

口语表达： 内部的稳定在于管理是否合理。

书面直译： 安全还是危险，在于是否能分清是非，而不在于力量的强弱。

◉　世异则事异。事异则备变。

口语表达： 做事要随机应变。

书面直译： 时代变化了，事情也随之改变。事情改变了，应对的措施也要变化。

◎ 简法禁而务谋虑，荒封内而恃交援者，可亡也。

口语表达：依法治国和内部治理要两手抓。

书面直译：轻视法令而一味追求谋略，荒废内政而依赖外援，这样的国家可能会灭亡。

◎ 爱多者，则法不立。威寡者，则下侵上。

口语表达：领导者要恩威并施，才能服众。

书面直译：如果君主过于仁爱，法令就无法确立；如果君主缺乏威严，下层就会反抗上层。

◎ 刑过不辟大臣，赏善不遗匹夫。

口语表达：赏罚要公正。

书面直译：惩罚有罪行的人，不能因为是大臣就回避；奖赏有功劳的人，不能因为是百姓就遗忘。

◎ 夫严家无悍（hàn）虏（lǔ），而慈母有败子。

口语表达：家庭教育要宽严相济。

书面直译：在管教严格的家庭中，不会有凶悍的仆人，而过于溺爱孩子的母亲，却会教育出不成器的孩子。

篇章九 探寻

《管子》

培养破局思维

《管子》

《管子》记载春秋时期管仲及管仲学派的思想，汇集道、法、儒等百家学说，涵盖天文、军事、经济等方面，是先秦治国智慧的百科全书。

书中既提出了「仓廪实而知礼节」的治国根本，亦有「通货积财，富国强兵」的经济谋略。其思想与现代生活紧密相关——从国家运作逻辑理解社会规则，在古代经济智慧中汲取应对危机的灵感，用治世智慧感知时代危机，作为应对挑战的思想利器。

◉ 与不可，强不能，告不知，谓之劳而无功。

口语表达：不要勉强做无法胜任的事。

书面直译：和不可交往的人交往，强行做不可能做的事情，告诉别人听不明白的话，这就叫无用功。

◉ 疑今者察之古；不知来者视之往。

口语表达：历史是照亮过去和未来的明镜。

书面直译：对于现在有疑问，可以去查看历史；对于未来的事情不了解，也可以去查看过去的史料。

◉ 天之所助，虽小必大。

口语表达：顺势而为，就算起点低也能成功。

书面直译：符合发展规律的事物，即使暂时弱小，以后必定会发展壮大。

◉ 必诺之言，不足信也。

口语表达：口头约定不一定作数。

书面直译：口头上答应一定能实现的话，不一定能相信。

◉　礼义廉耻，国之四维；四维不张，国乃灭亡。

口语表达： 国家稳定离不开道德建设。

书面直译： 礼、义、廉、耻是国家的四项基本道德准则，如果这四项准则不能得到推行，国家就会灭亡。

◉　人之生也，必以其欢。

口语表达： 人活着最重要的就是开心。

书面直译： 人要想生机勃勃地活着，就一定要保持内心愉悦。

◉　不为不可成，不求不可得。

口语表达： 做事务实才能少走弯路。

书面直译： 不去做那些不可能成功的事情，不去追求那些肯定得不到的东西。

◉　罚避亲贵，不可使主兵。

口语表达： 管理者要公正无私。

书面直译： 如果一个人在执法时，偏私袒护自己的亲戚，或畏惧权势不惩罚权贵，不可以让他统帅军队。

◉ 得众而不得其心，则与独行者同实。

口语表达： 管理者要善于笼络人心。

书面直译： 虽然有很多人追随，但如果没有得到人心，实质上和单人行动一样。

◉ 善气迎人，亲如弟兄；恶气迎人，害于戈兵。

口语表达： 与人交往要和气，别总甩脸色。

书面直译： 用和善态度待人，彼此就会亲如兄弟；用恶劣态度待人，伤害比刀兵相加还要严重。

◉ 人惰而侈则贫，力而俭则富。

口语表达： 财富的积累离不开勤劳节俭。

书面直译： 人懒惰又奢侈，就会贫困；勤劳又节俭，就会富裕。

◉ 以众人之力起事者，无不成也。

口语表达： 众志成城。

书面直译： 集合大家的力量一起做事，就没有不成功的。

◉ 多言而不当，不如其寡也。

口语表达： 话说不到点子上不如闭嘴。

书面直译： 话说得多但不恰当，还不如少说话为好。

◉ 天道之数，至则反，盛则衰。

口语表达： 凡事都有个度，太过头就会适得其反。

书面直译： 自然万物发展变化的规律就是这样，发展到尽头就会走向反面，强盛到顶点就会趋于衰落。

◉ 终身之计，莫如树人。

口语表达： 培养人才的回报率最高。

书面直译： 打算做一生的规划，没有什么能比得上培育人才。

◉ 利之所在，虽千仞之山，无所不上。

口语表达： 逐利是人的本性。

书面直译： 只要是有利可图的地方，即使是高达千仞的高山，也没有不去攀爬的。

◉ 信不足焉，有不信焉。

口语表达： 诚信是做人之本。

书面直译： 如果对人不够诚信，就得不到别人的信任。

◉ 海不辞水，故能成其大；山不辞土石，故能成其高。

口语表达： 发展离不开人才。

书面直译： 海洋不拒绝任何水流，所以能成就它的辽阔；高山不拒绝任何泥土石块，所以能成就它的巍峨。

◉ 审其所好恶，则其长短可知也。

口语表达： 想了解一个人的优缺点，就多留意他的喜恶。

书面直译： 了解一个人喜好什么、厌恶什么，那么就能知道他的长处和短处。

◉ 今日不为，明日亡货。

口语表达： 今天不干活，明天没活干。

书面直译： 今天若是不努力做事，明天就会没有收获。

◉ 仓廪（lǐn）实，则知礼节，衣食足，则知荣辱。

口语表达： 物质水平提高是精神进步的前提。

书面直译： 粮仓充实了，百姓才能明白礼节；丰衣足食了，百姓才能形成荣辱观念。

◉ 天下不患无财，患无人以分之。

口语表达： 有效利用财富是关键。

书面直译： 不用担心天下没有财富可用，真正需要担心的是没有合理的人去管理、分配这些财富。

◉ 善人者，人亦善之。

口语表达： 人与人的来往是相互的。

书面直译： 以善良的态度对待他人，也会得到他人的善待。

◉ 令则行，禁则止。

口语表达： 执行力是关键。

书面直译： 有命令就立即采取行动，有禁令就立即停止行动。

⊙ 知者善谋，不如当时。

口语表达： 好计划不如好机遇。

书面直译： 聪明人善于谋事，但不如抓好时机。

⊙ 务为不久，盖虚不长。

口语表达： 弄虚作假无法长久。

书面直译： 做事如果只追求一时的效果而作假，就无法长久持续；徒有其表，掩盖虚谎的行径，时间不会太长。

⊙ 寡交多亲，谓之知人。

口语表达： 交朋友贵精不贵多。

书面直译： 结交朋友不在于多，而在于有几个是亲密挚友，这样的人才算是懂得交友之道。

⊙ 谋无主则困，事无备则废。

口语表达： 不能赤手空拳地做事。

书面直译： 谋划事情没有主见，就会陷入困境；做事情没有预先准备，就会失败。

◉ 事者生于虑，成于务，失于傲。

口语表达： 干事业要先谋划，脚踏实地去做。

书面直译： 事业往往产生于深谋远虑，成功于努力实践，失败于骄傲自大。

◉ 乌鸟之狡，虽善不亲，不重之结，虽固必解。

口语表达： 与人交往要走心，不交不可信赖之人。

书面直译： 像乌鸦般狡黠的人，虽然表面看上去很好，实际上并不让人想亲近。没有再打一次的绳结，虽然看上去牢固，最终必定松脱散开。

◉ 伐矜（jīn）好专，举事之祸也。

口语表达： 自以为是的人做事多半会失败。

书面直译： 骄傲自满，独断专行，这是行事的灾祸。

◉ 君子使物，不为物使。

口语表达： 聪明人善于让各种资源为己所用。

书面直译： 品德高尚的人能够驾驭外物，而不是被外物所驾驭。

篇章十 精读

《淮南子》

寻得安顿心灵的路径

《淮南子》

《淮南子》又称《淮南鸿烈》，为西汉刘安及其门客编撰的哲学著作。它以道家「无为而治」为核心，融儒家仁政、法家史观、阴阳家变易理论及墨家精神，是先秦思想集大成之作与古代文化百科全书。

书中有「塞翁失马」的辩证智慧，「苟利于民」的革新理念，「清虚自守」的处世之道，可为现代人缓解精神焦虑——在专注中摒除干扰，于困顿中寻求突围，让古代思想照亮心灵成长之路。

◉　目妄视则淫，耳妄听则惑，口妄言则乱。

口语表达： 选择性地看、听、说，不要被信息牵着走。

书面直译： 眼睛随意乱看，就会心生邪念；耳朵随意乱听，就会被错误的信息迷惑；嘴巴随意乱说，就会引发混乱。

◉　人性欲平，嗜欲害之。

口语表达： 嗜欲会打破内心的平静。

书面直译： 人的本性想要平和宁静，却被过度的欲望所损害。

◉　美之所在，虽污辱，世不能贱。

口语表达： 真正美好的事物终会彰显其价值。

书面直译： 本身具备美好品质的事物，即便遭受玷污辱没，世人也不会因此轻视它。

◉　好憎者，心之过也；嗜（shì）欲者，性之累也。

口语表达： 情绪化和贪欲不利于身心健康。

书面直译： 过度的憎恶，是内心的一种过错；过度的欲望，是本性的一种拖累。

◉ 善游者溺，善骑者堕，各以其所好，反自为祸。

口语表达： 别因为擅长就掉以轻心。

书面直译： 善于游泳的人容易淹死，善于骑马的人容易摔下马来。人常常因为爱好的特长而招来灾祸。

◉ 太山之高，背而弗见；秋毫之末，视之可察。

口语表达： 在认知事物时，要主动去探索和发现。

书面直译： 泰山高大雄伟，但如果背对着它，也会看不见；细毛的末端细微难辨，但只要仔细去看，也能看得清楚。

◉ 日不知夜，月不知昼，日月为明而弗能兼也。

口语表达： 白天不懂夜的黑，做好自己就行。

书面直译： 太阳不知道夜晚的情况，月亮不了解白天的情形，日月虽然都能带来光亮，但也做不到同时拥有夜晚与白天。

◉ 福由己发，祸由己生。

口语表达： 人生祸福都在自身。

书面直译： 福运和灾祸都取决于个人的行为。

◉ 见一叶落，而知岁之将暮；睹（dǔ）瓶中之冰，而知天下之寒。

口语表达： 见微知著的智慧。

书面直译： 看见一片落叶飘落就知道一年要过去了，看到瓶子里的水结了冰就知道天气已经变冷了。

◉ 不贪最先，不恐独后。

口语表达： 按照自己的节奏前进。

书面直译： 不贪图事事都第一个去做，也不担心独自落在最后。

◉ 能欲多而事欲鲜。

口语表达： 艺多不压身，做事挑重点。

书面直译： 具备的才能要丰富多样，做事时要精简不繁杂。

◉ 行一棋，不足以见智；弹一弦，不足以见悲。

口语表达： 对任何事都不能以偏概全。

书面直译： 只走一步棋，不能够看出一个人的智慧；只弹一根琴弦，不能够表达出内心的悲伤。

◎ 蠹（dù）众则木折，隙大则墙坏。

口语表达：小问题不重视，终会酿成大祸。

书面直译：蛀虫多了，树木就会折断；裂缝大了，墙壁就会倒塌。

◎ 心不专一，则体不节动。

口语表达：做事不专心就会白忙活。

书面直译：如果心思不专注，那么躯体想灵活行动是不可能的。

◎ 逐鹿者不顾兔，决千金之货者不争铢（zhū）两之价。

口语表达：做事要专注于实现主要目标。

书面直译：一心追逐鹿的人，不会去顾及身边跑过的兔子。决定买卖黄金这样贵重货物的人，不会去计较微小的差价。

◎ 登高使人欲望，临深使人欲窥，处使然也。

口语表达：人的欲望会随环境等外物改变。

书面直译：登到高处就想向远处眺望，站到深渊边上就想向下面窥探，这是人所处的环境导致的。

◉ 吞舟之鱼，荡而失水，则制于蝼蚁，离其居也。

口语表达： 再厉害的人离开了擅长的领域，也难有作为。

书面直译： 能够吞掉船只的大鱼，一旦被波涛激荡到岸边，就会被蝼蛄和蚂蚁制服，因为它离开了适合自己生存的环境。

◉ 目见百步之外，不能自见其眦（zì）。

口语表达： 人很难发现自身不足。

书面直译： 眼睛能看到百步外的东西，却看不到自己的眼角。

◉ 乞火不若取燧（suì），寄汲不若凿井。

口语表达： 求人不如求己。

书面直译： 向别人借火不如自己取来火石生火，借别人的井打水不如自己去挖一口井。

◉ 舟覆乃见善游，马奔乃见良御。

口语表达： 危机是检验个人能力的最好时机。

书面直译： 船倾覆时，才能看出谁是真正擅长游泳的人；马狂奔时，才能看出谁是真正善于驾马的人。

◉ 临河而羡鱼，不若归家织网。

口语表达：与其空想，不如实干。

书面直译：与其在深潭边希望能得到鱼，不如回家编织渔网来打鱼。

◉ 得隋侯之珠，不若得事之所由。

口语表达：明白事理比获得财富重要。

书面直译：与其得到隋侯之珠这样贵重的宝物，倒不如能够明白事物产生的缘由。

◉ 不能耕而欲黍（shǔ）粱，不能织而喜采裳，无事而求其功。

口语表达：付出努力才会有回报。

书面直译：不会耕种却想收获粮食，不会纺织却喜欢美丽的衣裳，不做事却想获得功劳。

◉ 百星之明，不如一月之光。

口语表达：量多不如质优。

书面直译：一百颗星星的光亮，也比不上一个月亮的光辉。

◉ 不涸泽而渔，不焚林而猎。

口语表达： 做事要有长远规划。

书面直译： 不要把湖水排干来捕鱼，不要将森林烧毁来打猎。

◉ 见虎一文，不知其武；见骥一毛，不知善走。

口语表达： 看待事物要有全局观。

书面直译： 只看到老虎身上的一块斑点，不可能知道其威猛；只见到骏马身上的一根毫毛，不可能了解其善于奔跑的特性。

◉ 苟周于事，不必循旧。

口语表达： 做事别太死脑筋，能解决问题就行。

书面直译： 如果某种方法能把事情处理得很周全，就不必遵循旧有的习俗。

◉ 至贵不待爵，至富不待财。

口语表达： 一个人的价值和富足源于内在。

书面直译： 最尊贵的人不用靠爵位来彰显身份，最富有的人不用靠金钱来体现富有。

◉ 塞翁失马，焉知非福？

口语表达：事情的好坏往往难以预料。

书面直译：边塞的老人失去了一匹马，人们都认为是不幸的事，但老人却说这未必不是一件好事。

◉ 事之成败，必由小生。

口语表达：细节决定成败。

书面直译：事情的成功或失败，必定是由细节发展而来。

◉ 明月之珠，蚌之病而我之利。

口语表达：得到好处的同时多想想背后的代价。

书面直译：明月一般晶莹夺目的珍珠，是蚌遭受痛苦折磨孕育的，对人类来说却是财富。

◉ 太刚则折，太柔则卷。

口语表达：做人要刚柔并济。

书面直译：过于刚强、执拗就容易折断，过于柔软、顺从就容易卷曲。

◉ 水积而鱼聚，木茂而鸟集。

口语表达： 搭建好渠道才能吸引人才。

书面直译： 水积攒得多了，鱼才会聚拢过来；树木生长得繁茂，鸟才会来栖息。

◉ 小人之誉人，反为损。

口语表达： 小心捧杀。

书面直译： 品行不端的人夸赞别人，反而会对被夸赞的人造成损害。

◉ 胜非其难也，持之者其难也。

口语表达： 一次赢易，次次赢难。

书面直译： 取得胜利并不是最难的事情，保持住胜利成果才是最难的。

◉ 入其国者从其俗，入其家者避其讳。

口语表达： 要入乡随俗。

书面直译： 到哪个国家就要遵守哪个国家的风俗，到哪一户人家就要避开哪一户人家的忌讳。

◉　知人无务，不若愚而好学。

口语表达： 纸上谈兵不如踏实肯干。

书面直译： 光知道很多事却不务实去做，倒不如看似愚笨却勤奋好学的人。

◉　行合趋同，千里相从；趋不合行不同，对门不通。

口语表达： 与人交往，最重要的是合拍。

书面直译： 如果行为、志趣相投，相隔千里也会相互追随；如果行为、志趣不同，即使住在对门也不会有往来。

◉　水虽平，必有波；衡虽正，必有差。

口语表达： 做人不要太完美主义。

书面直译： 水即使很平静，也必定会有细微的波纹；秤即使很准确，也必定会有微小的误差。

◉　人先信而后求能。

口语表达： 先看为人再看能力。

书面直译： 一个人应当先看是否讲信用，然后再看能力如何。

篇章十一　研读《尚书》

悟得「满招损，谦受益」

《尚书》

《尚书》又称《书经》，是中国现存最早的历史文献汇编，现存五十八篇，内容涵盖教育、经济等等领域，蕴含丰富的治国理政、道德伦理思想，为上古政治智慧集大成之作。

作为『政书之祖』《尚书》上溯大禹治水之道，下录商周兴亡之鉴，每篇诰命誓词均凝结了先民对天道人伦的思考，承载着『明德慎罚』等传统美德。读者可在『知人则哲』中悟得用人之道，在『视远惟明』中培养战略眼光，让上古智慧照进现代生活。

⊙ 民惟邦本，本固邦宁。

口语表达：国家稳定要以民为本。

书面直译：百姓是国家的根基，根基稳固，国家才能安宁。

⊙ 不矜细行，终累大德。为山九仞，功亏一篑。

口语表达：不管大事小事，都要认真对待。

书面直译：不注重小节，最终会损害大德。堆造九仞高的山，即使只缺一筐土也不能成功。

⊙ 任贤勿贰，去邪勿疑。

口语表达：用人不疑，疑人不用。

书面直译：任用贤能的人不要怀疑猜忌，铲除邪恶的人不要犹豫不决。

⊙ 蓄疑败谋，怠忽荒政。

口语表达：做事要果断，从政要勤劳精心。

书面直译：心中猜疑积蓄得多就会破坏谋划，懈怠疏忽就会荒废国家政事。

◉　克勤于邦，克俭于家。

口语表达： 勤劳是幸福的左手，节俭是幸福的右手。

书面直译： 为国家做事要勤劳，在家生活要节俭。

◉　惟日孜孜，无敢逸豫。

口语表达： 过日子就得天天努力。

书面直译： 每天都要勤恳努力，不能贪图安逸享乐。

◉　好问则裕，自用则小。

口语表达： 学东西要多问，这样比自己琢磨学得快。

书面直译： 喜欢向别人请教，知识就会充裕；骄傲自大，学识就会浅薄。

◉　玩人丧德，玩物丧志。

口语表达： 做人要有道德底线，做事要积极进取。

书面直译： 以戏弄他人为乐会丧失自己的品德，沉迷于喜爱的事物会消磨自己的志向。

◉ 慎厥（jué）身，修思永。

口语表达： 提升修养要有长期规划。

书面直译： 谨慎加强自身修养，并且要有长远的思虑。

◉ 知之非艰，行之惟艰。

口语表达： 知易行难。

书面直译： 懂得道理并不算困难，真正困难的是把道理付诸实践。

◉ 若升高，必自下；若陟（zhì）遐，必自迩。

口语表达： 成功不是一蹴而就的，做事要循序渐进。

书面直译： 如果想要登上高处，必须从低处开始；如果想要前往远方，必须从近处起步。

◉ 满招损，谦受益。

口语表达： 谦虚使人进步，骄傲使人落后。

书面直译： 自满会招来损害，谦虚能得到益处。

◉ 视远惟明，听德惟聪。

口语表达： 做事要高瞻远瞩，能听取他人意见。

书面直译： 能看到远处才是眼明，能听从善言才是耳聪。

◉ 天作孽，犹可违；自作孽，不可逭（huàn）。

口语表达： 天灾可躲，人祸难防。

书面直译： 上天降下的灾祸，还可以躲避；自己造成的罪孽，就难以逃脱了。

◉ 人之有技，若己有之。

口语表达： 懂得欣赏他人。

书面直译： 别人有才能，要像自己有才能一样高兴。

◉ 树豫务滋，除恶务本。

口语表达： 培养或是改掉习惯，要用对方法。

书面直译： 培育美好的事物必须使其不断滋长，清除邪恶的事物必须从根本上着手。

◉ 若网在纲，有条而不紊。

口语表达： 做事抓住重点，才不会一团糟。

书面直译： 就像把网结在总绳上，才能有条理而不紊乱。

◉ 终始惟一，时乃日新。

口语表达： 人要不断革新，才能进步。

书面直译： 自始至终都保持专心一意，不断更新自己的思想和行为，这样就能每天都有新的进步。

◉ 推贤让能，庶官乃和。

口语表达： 在团队中，重用能人，工作会更好开展。

书面直译： 推举贤能的人，把职位让给有才能的人，这样官员们就能和睦相处。

◉ 怨不在大，亦不在小。

口语表达： 管理者不可轻视任何一点负面反馈。

书面直译： 百姓对上层人物的怨恨不在于大小。

◎ 惟事事, 乃其有备, 有备无患。

──────────────────────────

口语表达: 做事前做足准备, 才能从容应对。

书面直译: 做任何事都应做好充分的准备, 这样才能有效地避免可能出现的祸患。

◎ 罔游于逸, 罔淫于乐。

──────────────────────────

口语表达: 不要把生命消耗在无谓的享乐上。

书面直译: 不要过度地贪图安逸, 不要无节制地沉迷享乐。

◎ 有容, 德乃大。

──────────────────────────

口语表达: 宰相肚里能撑船。

书面直译: 有包容万物的胸怀, 品德才算宏大。

◎ 人心惟危, 道心惟微, 惟精惟一, 允执厥中。

──────────────────────────

口语表达: 在职场中, 要注重道德修养, 保持专注专业, 遇事不偏激。

书面直译: 人心是危险难测的, 道心是幽微难明的, 只有精诚专一, 诚恳地秉持中正之道, 才能坚守住正确的原则。

◉ 宥（yòu）过无大，刑故无小。

口语表达：要区别处理不同性质的错误。

书面直译：对于无意犯下的过错，无论多大都应宽恕；对于故意而为的罪行，无论多小都要惩处。

◉ 作德，心逸日休。

口语表达：送人玫瑰，手有余香。

书面直译：做善事、培养德行，内心就会安逸，每天都会过得美好。

◉ 功崇惟志，业广惟勤。

口语表达：有理想肯努力，才能成功。

书面直译：取得崇高的功绩是因为有远大的志向，成就宏大的事业是因为足够勤奋努力。

◉ 政贵有恒。

口语表达：坚持长期目标不动摇。

书面直译：政令、政策等大政方针，贵在稳定持久。

◎　能自得师者王，谓人莫己若者亡。

口语表达：自主学习的人比自大的人更有前途。

书面直译：能够主动拜人为师、虚心学习的人可以成就王业；认为别人都不如自己的人，最终会走向灭亡。

◎　与人不求备，检身若不及。

口语表达：严以律己，宽以待人。

书面直译：对待别人不要求全责备，检查自身时要能察觉自己还有不足的地方。

◎　无稽之言勿听。

口语表达：没凭没据的话不要当真。

书面直译：没有根据、未经考查的话不要听。

◎　不惟其官，惟其人。

口语表达：招聘人才要人岗匹配。

书面直译：任命官员的重点不在于官位，在于选任适合的人才。

篇章十二 《左传》

于抉择中见人性

读懂

《左传》

《左传》全称《春秋左氏传》，相传为春秋左丘明所著，是中国首部叙事完备的编年体史书。它以《春秋》为纲，记载春秋时期各诸侯国的政治、军事、外交、文化等史实，呈现当时的政治格局与社会风貌，堪称春秋百科全书。

作为「先秦叙事之最」，本书记载了「曹刿论战」等经典事例，收录了「多行不义必自毙」等箴言，蕴含儒家礼德忠信精神，让读者于历史兴亡中悟治世之道，在人物抉择中理解人性本质。

◎ 人谁无过？过而能改，善莫大焉。

口语表达： 犯错不可怕，能及时改正就行。

书面直译： 哪个人能不犯错？犯了错但能够改正，没有比这更好的事了。

◎ 一鼓作气，再而衰，三而竭。

口语表达： 趁劲头十足抓紧干。

书面直译： 第一次击鼓能够振奋士气，第二次击鼓士气就开始低落，第三次击鼓士气就耗尽了。

◎ 弈者举棋不定，不胜其耦（ǒu）。

口语表达： 做事犹犹豫豫会错失良机。

书面直译： 下棋的人拿着棋子犹豫不决，就战胜不了他的对手。

◎ 人心之不同，如其面焉。

口语表达： 千人千面，要尊重个体差异。

书面直译： 人的心思各不相同，就像人的面孔千差万别。

◉ 末大必折，尾大不掉。

口语表达： 做事要避免让局部影响整体。

书面直译： 如果树梢过于粗大，就容易折断；如果尾部过于庞大，就难以驾驭。

◉ 心苟无瑕，何恤乎无家。

口语表达： 品德好的人不愁没有安身之所。

书面直译： 人内心纯净无瑕，就不必担心没有归宿。

◉ 辅车相依，唇亡齿寒。

口语表达： 双方相互依存，利害相关。

书面直译： 颊骨和牙床相互依存，嘴唇没有了，牙齿就会感到寒冷。

◉ 多行不义必自毙。

口语表达： 坏事做多了，不会有好下场。

书面直译： 一个人如果总是做坏事，最终一定会自取灭亡。

◉ 我闻忠善以损怨，不闻作威以防怨。

口语表达： 良好的人际关系靠的是真诚，而不是耀武扬威。

书面直译： 我只听说过用忠诚善良的行为来减少怨恨，没听说过用树立威风的办法来防止怨恨。

◉ 不义不暱（nì），厚将崩。

口语表达： 做人不成功，做事也不会成功。

书面直译： 对君王不忠义，对兄弟不亲近，势力就算再雄厚也必将崩溃。

◉ 我无尔诈，尔无我虞。

口语表达： 相互信任是建立良好关系的基石。

书面直译： 我不欺骗你，你也不要欺骗我。

◉ 三折肱为良医。

口语表达： 知识来源于实践。

书面直译： 多次摔断胳膊的人，可以成为高明的医生。

◉ 众叛亲离，难以济矣。

口语表达：失信于人将难有成就。

书面直译：一个人失去了大众的支持和亲人的信任，做事便难以取得成功。

◉ 言之无文，行而不远。

口语表达：文章写得不好没人看。

书面直译：说话毫无文采，难以长久流传下去。

◉ 民生在勤，勤则不匮。

口语表达：劳动才能致富。

书面直译：老百姓的生计在于辛勤劳作，只要勤劳就不会缺衣少食。

◉ 无德而禄，殃也。

口语表达：德不配位，迟早要完。

书面直译：没有德行却享受优厚的俸禄，必然会招致灾祸。

◉ 凡有血气，皆有争心。

口语表达：人都有好胜心。

书面直译：凡是有生命、有血性的人，都有争强好胜的心。

◉ 宴安鸩毒，不可怀也。

口语表达：贪图安逸就像慢性自杀。

书面直译：贪图安逸享乐就如同喝毒酒自杀，千万不能抱有这种想法。

◉ 善败由己，而由人乎哉？

口语表达：成败的关键取决于自身。

书面直译：成功与失败取决于自己，难道是取决于别人吗？

◉ 思则有备，有备无患。

口语表达：提前做好规划，就不会手忙脚乱。

书面直译：考虑到危险就能够有所准备，有了准备就可以避免祸患。

◎ 大德灭小怨，道也。

口语表达：矛盾在所难免，要学会主动包容和化解。

书面直译：用高尚的德行化解小的怨恨，这是处世的正道。

◎ 骄奢淫逸，所自邪也。

口语表达：坏习惯会引人走上歪路。

书面直译：骄傲、奢侈、荒淫、放荡的生活是走上邪路的开始。

◎ 川泽纳污，山薮（sǒu）藏疾，瑾瑜匿瑕。

口语表达：人要接受不完美。

书面直译：江河湖泽能容纳污水，深山草野会藏有瘴气，美玉也会有微小的瑕疵。

◎ 为政者不赏私劳，不罚私怨。

口语表达：领导者做事要公平公正。

书面直译：执政者不能无故奖赏对自己有恩惠的人，不能随意惩罚与自己有私仇的人。

◉　皮之不存，毛将焉附。

口语表达： 大家好才能真的好。

书面直译： 如果皮都不存在了，毛又怎么依附。

◉　华而不实，怨之所聚也。

口语表达： 做人做事要实在。

书面直译： 只追求表面华丽而没有实际的内容，必然会招来人们的怨恨。

◉　量力而动，其过鲜矣。

口语表达： 有多大能力办多大事。

书面直译： 根据实际能力去行动，犯下的过错就会少一些。

◉　君以此始，亦必以终。

口语表达： 成也萧何，败也萧何。

书面直译： 以这样的方式开始，也必然会以这样的方式结束。

◉ 筚路蓝缕，以启山林。

口语表达：只要肯努力，就能从无到有。

书面直译：驾着简陋的柴车，穿着破烂的衣服去开辟山林。

◉ 从善如流，宜哉。

口语表达：接受好建议会进步更快。

书面直译：听从好的意见就像水往低处流一样自然顺畅，这是非常恰当的。

◉ 食言多矣，能无肥乎？

口语表达：人不能心安理得的总是爽约，否则最终会自食其果。

书面直译：一个人屡次违背诺言，就像吃了很多食物一样，能不变胖吗？

◉ 欲加之罪，其无辞乎？

口语表达：找茬不需要借口。

书面直译：想要给别人加上罪名，难道还找不到借口吗？

练就应变力和判断力

《战国策》

篇章十三 探究

《战国策》

《战国策》又称《国策》，为西汉刘向编订的国别体史书，记载了战国时期纵横家的政治主张与谋略，其权谋博弈、兵法韬略，尽显雄辩与运筹智慧，是解读战国纵横家谋略的宝典。

书中的苏秦合纵、张仪连横等案例，既讲述危机应对技巧，亦揭示"审时度势"的处世哲学，帮助读者提升思维、口才与决策能力，将古代纵横智慧转化为现代应变之道。

◉ 日中则移，月满则亏，物盛则衰。

口语表达： 适应形势变化，懂得急流勇退。

书面直译： 太阳到了正午之后就会向西斜，月亮圆满之后就会逐渐亏缺，万物兴盛到了极点之后就会走向衰败。

◉ 积薄而为厚，聚少而为多。

口语表达： 别小瞧点滴的力量。

书面直译： 通过不断的积累，可以使微薄的东西变丰厚，稀少的东西变众多。

◉ 以色交者，华落而爱渝。

口语表达： 交友不能只注重功利，主张从德相交。

书面直译： 如果因为容貌来与人交往的人，那么当容颜衰老时，别人对他的感情也会随之改变。

◉ 父母之爱子，则为之计深远。

口语表达： 为人父母要为孩子规划未来。

书面直译： 父母疼爱自己的孩子，就会为孩子做长远的打算。

◉ 将欲取之，必姑与之。

口语表达： 有投入才会有回报。

书面直译： 如果想要从对方那里得到什么，就必须先给予对方一些东西。

◉ 争名者于朝，争利者于市。

口语表达： 想实现什么目标，就要往什么方向努力。

书面直译： 追求名声的人大多在朝廷中活动，追逐利益的人大多在市集上出入。

◉ 谨备其所憎，而祸在于所爱。

口语表达： 交往中不要因个人喜好而忽略潜在隐患。

书面直译： 人们通常会谨慎防备自己憎恶的人，然而灾祸常常发生在自己溺爱的人身上。

◉ 君子交绝，不出恶声。

口语表达： 好聚好散能赢得尊重。

书面直译： 君子即使与人断绝交情，也不会说难听的话。

◉ 晚食以当肉，安步以当车。

口语表达： 知足常乐。

书面直译： 饿时吃饭，就算是粗茶淡饭，也跟吃肉一样美味。悠闲地散步，也不会感觉到累，就跟坐车一样舒适。

◉ 善作者不必善成，善始者不必善终。

口语表达： 做事要有好的开始，也要有坚持到底的能力。

书面直译： 善于开创事业的人不一定每次都将事情做成，善于开始的人不一定每次都能把事情坚持到最后。

◉ 其言一也，言者异，则人心变矣。

口语表达： 说话的效果因人而异。

书面直译： 同样一句话，由于说话的人不同，听话的人的想法也会随之改变。

◉ 利害之相似者，唯智者知之而已。

口语表达： 遇事别冲动，要看清利弊。

书面直译： 利益和危害相似时，只有聪明人才能分辨清楚。

◉　怀重宝者不以夜行，任大功者不以轻敌。

口语表达：做任何事都要谨慎，重视潜在风险。

书面直译：怀揣着贵重宝物的人不会在晚上出行，担任重大使命的人不会轻视敌人。

◉　宁为鸡口，无为牛后。

口语表达：自立自强看重什么，就选择什么。

书面直译：宁可做小而干净的鸡嘴，也不做又大又臭的牛肛门。

◉　事有所出，功有所止。

口语表达：实干才会有成效。

书面直译：事情一旦开始就有了成功的可能。

◉　见兔而顾犬，未为晚也；亡羊而补牢，未为迟也。

口语表达：遇到问题及时补救，还来得及。

书面直译：看到兔子才回头召唤猎犬去追还不算晚，羊丢失了之后才修补羊圈并不算迟。

⊙ 道不拾遗，民不妄取。

口语表达： 社会和谐安定。

书面直译： 在道路上丢东西没有人会捡走据为己有，老百姓不拿自己不该拿的财物。

⊙ 寝不安席，食不甘味。

口语表达： 过度焦虑会影响日常生活。

书面直译： 睡觉的时候不能安于枕席，吃饭也吃不出滋味。

⊙ 厚者不毁人以自益也，仁者不危人以要名。

口语表达： 做人不能损人利己。

书面直译： 品德高尚的人不会通过诋毁别人来使自己获利，有仁爱之心的人不会通过危害他人来获取名声。

⊙ 宵行者能无为奸，而不能令狗无吠己。

口语表达： 做人端正也免不了被人非议。

书面直译： 夜间赶路的人能够保证不去做坏事，但是却没办法让狗不对着自己乱叫。

◎ 行百里者半于九十。

口语表达： 越接近成功越要坚持。

书面直译： 要走一百里路，走到九十里才算走了一半。

◎ 欲强兵者，务富其民。

口语表达： 民富才能国强。

书面直译： 想要使军队强大起来，就一定要致力于让百姓富裕起来。

◎ 贫穷则父母不子，富贵则亲戚畏惧。

口语表达： 不要做嫌贫爱富的人。

书面直译： 人在贫穷的时候，连父母都不把他当儿子看待，而一旦富贵起来，连亲戚都会对他敬畏有加。

◎ 圣人不能为时，时至而弗失。

口语表达： 机会总是留给有准备的人。

书面直译： 即使是圣人也不能创造时机，时机到来时，他们能抓住，不轻易错过。

◉ 同欲者相憎。

口语表达：竞争者互看不顺眼。

书面直译：有相同欲望的人会相互憎恶。

◉ 有生之乐，无死之心，所以不胜者也。

口语表达：做事要有破釜沉舟的决心。

书面直译：只想着享受生存的快乐，而没有拼死一搏的决心，这就是失败的原因。

◉ 狡兔有三窟，仅得免其死耳。

口语表达：多给自己留后路才能降低风险。

书面直译：狡猾的兔子会准备多个藏身的洞穴，这样才仅仅能避免丧命。

◉ 将欲败之，必姑辅之。

口语表达：一时的退让是为了更长远的利益。

书面直译：想要打败别人，不妨暂时给他一些帮助。

⊙ 前事之不忘，后事之师。

口语表达： 吃一堑长一智。

书面直译： 不要忘记前人的经验教训，它可以作为以后做事的借鉴。

⊙ 两虎相斗而驽（nú）犬受其弊。

口语表达： 鹬蚌相争、渔翁得利。

书面直译： 两只凶猛的老虎相斗，反而让劣狗得到好处。

⊙ 家有不宜之财，则伤本。

口语表达： 不当得利会损害家庭的根本。

书面直译： 家里要是有来路不正当、不应该获取的钱财，就会给家庭带来不良影响。

⊙ 薪不尽，则火不止。

口语表达： 解决问题要从根源入手。

书面直译： 木柴烧不完，火就不会熄灭。

悟兴衰洽世之道

《史记》

篇章十四　研读

《史记》

《史记》是汉代司马迁所著的中国首部纪传体通史，记载了从黄帝到汉武帝元狩元年的三千余年历史，内容涵盖哲学、政治、经济等领域，被誉为「史家之绝唱」。

司马迁以「究天人之际」的视野，既记述帝王将相风云，亦描绘布衣生存图景。读者可从夏商周的兴衰中悟得治世之道，于楚汉相争中提炼处世智慧，在以史为鉴中拓展格局，少走人生弯路。

◎ 天下熙熙，皆为利来；天下攘攘，皆为利往。

口语表达： 人人都在为了利益奔波。

书面直译： 天下人吵吵嚷嚷，嘈杂喧闹，都是为了各自的利益而来；天下人碰碰撞撞，拥挤奔忙，都是为了各自的利益而往。

◎ 桃李不言，下自成蹊（xī）。

口语表达： 用实力说话，更能赢得他人认可。

书面直译： 桃树和李树不会说话，但它们的花和果实吸引人，树下自然就被人走出一条小路。

◎ 以权利合者，权利尽而交疏。

口语表达： 因权势利益建立的友谊不牢固。

书面直译： 因为权势和钱财而交往的人，当权势和钱财没有了，交情自然疏远。

◎ 毛羽未成，不可以高蜚（fēi）。

口语表达： 能力不足就不要好高骛远。

书面直译： 鸟儿羽毛还没长丰满的时候，不可能凌空飞翔。

◉ 祸不妄至，福不徒来。

口语表达： 福祸都有缘由。

书面直译： 灾祸不会无缘无故降临，福气也不会平白无故到来。

◉ 有白头如新，倾盖如故。

口语表达： 交情的深浅不在于认识时间的长短。

书面直译： 有些人相处到老，却还像刚认识一样陌生；而有些人初次相逢，却好像认识了很久一样投缘。

◉ 当断不断，反受其乱。

口语表达： 犹豫就会败北。

书面直译： 应该做决断的时候却犹豫不决，反而会遭受祸乱。

◉ 智者千虑，必有一失；愚者千虑，必有一得。

口语表达： 努力在聪明面前并非一无是处。

书面直译： 聪明的人即使考虑很多次，也难免会有一次失误；愚笨的人经过多次思考，也总会有一次收获。

◉　一死一生，乃知交情。

口语表达：患难才能见真情。

书面直译：经历过生死考验，才能知道谁是真正有交情的朋友。

◉　燕雀安知鸿鹄之志哉。

口语表达：人要有理想，尊重他人的选择和追求。

书面直译：燕子和麻雀怎么能知道鸿鹄的远大志向呢？

◉　欲而不知止，失其所以欲。

口语表达：贪心不足终会一无所有。

书面直译：有欲望却不知道节制，最终会失去原本想要追求的东西。

◉　将在军，君命有所不受。

口语表达：负责人可根据实际情况灵活应变。

书面直译：将领在军队中指挥作战时，对君主的命令可以不接受。

◉ 相马失之瘦，相士失之贫。

口语表达： 以貌取人容易错失人才。

书面直译： 挑选马的时候，不能因为马外表消瘦就忽视它；考察人才的时候，不能因为对方贫穷就轻视他。

◉ 运筹帷幄之中，制胜于无形。

口语表达： 提前布局，精心策划是获胜的关键。

书面直译： 在营帐之中谋划策略，就能在不知不觉中取得胜利。

◉ 楚虽三户，亡秦必楚。

口语表达： 有志者事竟成。

书面直译： 楚国即使只剩下三个氏族，也必定能灭掉秦国。

◉ 百里不贩樵，千里不贩米。

口语表达： 做生意要精打细算。

书面直译： 路途百里远，就不要贩卖柴草；路途千里远，就不要贩卖大米。

◉ 众口铄金，积毁销骨。

口语表达： 一人一口吐沫，也能淹死人。

书面直译： 众人的言论能够熔化金属，纷纷而来的诽谤足以置人于死地。

◉ 败军之将，不可以言勇。

口语表达： 失败了说什么都是借口。

书面直译： 打了败仗的将领，没资格再谈论自己的勇敢。

◉ 能言之者未必能行。

口语表达： 会说不一定会做。

书面直译： 能说得头头是道的人，不一定能把事情做好。

◉ 人方为刀俎（zǔ），我为鱼肉。

口语表达： 选择权掌握在别人手里。

书面直译： 别人是刀和案板，自己是被放在案板上等待宰割的鱼肉。

◉ 富无经业，则货无常主。

口语表达： 赚钱途径有很多，发财的人也很多。

书面直译： 发财致富没有固定的行业，货物钱财也不会总是属于同一个主人。

◉ 黄金有疵，白玉有瑕。

口语表达： 没有十全十美的人和物。

书面直译： 即使是最珍贵的黄金和白玉，也会有瑕疵。

◉ 得人者兴，失人者崩。

口语表达： 民心向背决定兴衰，发展离不开人才支撑。

书面直译： 得到人们拥护的事业就会兴旺，失去人们拥护的事业就会崩溃。

◉ 不知其人，视其友。

口语表达： 一个人的社交圈会暴露其品性。

书面直译： 如果不了解一个人，看看他结交的朋友就知道了。

◉ 士为知己者死，女为悦己者容。

口语表达：人们都愿意为认可自己的人付出。

书面直译：有志向的人愿意为赏识自己的人牺牲生命，女子愿意为欣赏自己的人精心打扮。

◉ 富民之要，在于节俭。

口语表达：节俭能致富。

书面直译：使百姓富裕的关键在于倡导节俭。

◉ 衣人之衣者怀人之忧，食人之食者死人之事。

口语表达：拿人好处就要感恩图报。

书面直译：穿了别人给的衣服，就要为别人的忧愁而担忧；吃了别人给的食物，就要为别人的事情效力，甚至不惜付出生命。

◉ 时乎时，不再来。

口语表达：机不可失，时不再来。

书面直译：时机啊时机，错过了就不会再有第二次。

◉ 富贵多士，贫贱寡友。

口语表达：与人交往不应只看重财富地位。

书面直译：人在富贵时，结交的有地位有才学的人就多；而在贫穷时，就没有什么人来交往。

◉ 成大功者不谋于众。

口语表达：干大事的人往往有独到的见解。

书面直译：能成就大事业的人，不会去和众人商量。

◉ 千人之诺诺，不如一士之谔谔（è è）。

口语表达：做人要独立思考敢说真话。

书面直译：一千个人都说顺从的话，不如一个人直言相谏。

◉ 顾小而忘大，后必有害。

口语表达：眼光放长远，不要因小失大。

书面直译：只顾及小利益而忽略大利益，以后必定会有危害。

《资治通鉴》

建构多维思维体系

篇章十五　深读

《资治通鉴》

《资治通鉴》是北宋司马光主编，以政治、军事为核心的编年体通史巨著，兼及经济文化，记载了十六朝的千余年历史，展现了帝王将相的兴衰轨迹。

作为古代政治智慧集大成之作，该书蕴含「鉴前世兴衰」的治世哲思、「用人如器」的领导智慧，用千余历史案例构成「政治学」样本库，为管理者选用人才、研判局势提供启示。读者可在鉴古知今中磨砺心志、优化决策、构建独到的思维体系。

◉ 不痴不聋，不作家翁。

口语表达： 学会睁一只眼闭一只眼。

书面直译： 作为一家之主，要心胸宽广，学会装聋作哑。

◉ 君子能勤小物，故无大患。

口语表达： 小事做好才能避免出大问题。

书面直译： 品德高尚的人能够在小事上勤奋用心，所以不会招致大祸。

◉ 丈夫一言许人，千金不易。

口语表达： 做人要一诺千金。

书面直译： 男子汉一旦答应别人的事，就是给千万金银也不会更改。

◉ 兼听则明，偏信则暗。

口语表达： 遇事听取多方意见，才能做出正确判断。

书面直译： 多方面听取意见，才能够明辨是非；只相信单方面的话，就会糊涂。

◉ 闻其过者，过日消而福臻（zhēn）。

口语表达： 能接受意见并改正，会越来越优秀。

书面直译： 能听取别人指出自己过错的人，过错会一天天减少，福气也会到来。

◉ 言善非难，行善为难。

口语表达： 说得好听不如付诸行动。

书面直译： 嘴上说做好事并不难，真正去做好事才是困难的。

◉ 爱之不以道，适所以害之也。

口语表达： 要用正确的方式爱人。

书面直译： 爱护一个人的方式如果不正确，恰恰是害了他。

◉ 用人如器，各取所长。

口语表达： 领导者要善于发现并利用每一个人的优势。

书面直译： 使用人才就像使用器物一样，要发挥他们各自的长处。

◉ 表曲者景必邪，源清者流必洁。

口语表达： 领导者作风端正，团队发展才健康。

书面直译： 标杆弯曲，影子必然歪歪斜斜；源头清澈，水流必然清洁干净。

◉ 不诚于前而曰诚于后，众必疑而不信矣。

口语表达： 一旦失去他人信任，便再难挽回。

书面直译： 如果一个人事前没有悔改的态度，事后却表示自己会改正，众人必然会怀疑而不相信。

◉ 见黄雀而忘深阱，智者所不为。

口语表达： 别为了一点利益而忽视潜在的风险。

书面直译： 看见眼前的黄雀，就忘记前面的陷阱，这样的事聪明人是不会干的。

◉ 天下本无事，但庸人扰之耳。

口语表达： 生活中很多烦恼都是自找的。

书面直译： 天下本来没什么事，只是平庸的人自寻烦恼。

◉ 千钧之弩，不为鼷（xī）鼠发机。

口语表达：不要大材小用。

书面直译：力量强大的弩，不会用来射一只家鼠。

◉ 币厚言甘，古人所畏也。

口语表达：黄鼠狼给鸡拜年，别有用心。

书面直译：送来的礼物厚重，说的话又甜蜜动听，这是古人都畏惧的事。

◉ 责其所难，则其易者不劳而正。

口语表达：做事抓重点，能提高整体效率。

书面直译：把重点和精力放在难点上，只要把难点解决，那么相对容易的部分不用费力就能做好。

◉ 疑则勿任，任则勿疑。

口语表达：用人要给予信任。

书面直译：如果对一个人有所怀疑，就干脆不要任用他，一旦任用就不要随意猜疑他。

◎ 不怕念起，惟恐觉迟。

口语表达： 人要时常反思，纠正不好的想法。

书面直译： 不怕心中产生不好的念头，就怕觉悟得太晚。

◎ 口说不如身逢，耳闻不如目睹。

口语表达： 道听途说没有发言权。

书面直译： 嘴上说不如亲身经历，耳朵听到不如亲眼见到。

◎ 无纾（shū）目前之虞，或兴意外之变。

口语表达： 有问题要及时解决。

书面直译： 如果不能设法解除当下所面临的忧患，那么就有可能引发意想不到的变故。

◎ 夫登进以懋（mào）庸，黜（chù）退以惩过，二者迭用，理如循环。

口语表达： 管理团队要赏罚分明，这样才能保持效率。

书面直译： 提拔晋升是为了勉励功劳，降职辞退是为了惩罚过错，这两种手段可以交替使用。

◉ 凡人之情，穷则思变。

口语表达：困境会促使人去改变。

书面直译：一般人的心理，在陷入困境时就会想着改变。

◉ 明者，销祸于未萌。

口语表达：聪明人会将问题扼杀在摇篮之中。

书面直译：明智的人，能够在灾祸还没有萌芽的时候就将其消除。

◉ 为贵人当举纲维，何必事事详细。

口语表达：领导者要把精力放在关键问题上。

书面直译：作为尊贵有地位的人，应当抓住事物的关键要点，何必对每件事都了解得那么详细呢！

◉ 坐谈则理高，行之则事阙（quē）。

口语表达：不能只当"理论家"，更要成为"实干家"。

书面直译：坐在那里谈论道理时头头是道，但实际去做时却漏洞百出。

◎ 短于从善，故至于败。

口语表达： 肯听取别人意见能避免失败。

书面直译： 不善于听从好的意见，所以导致失败。

◎ 事至而忧，无救于事。

口语表达： 出了问题才着急，无济于事。

书面直译： 事情已经发生了才开始忧虑，对解决事情没有任何帮助。

◎ 救寒莫如重裘，止谤（bàng）莫如自修。

口语表达： 遇到问题要找对解决方法。

书面直译： 抵御寒冷没有比厚皮衣更好的东西，制止别人的诽谤没有比加强自身修养更好的办法。

◎ 取之有度，用之有节，则常足。

口语表达： 过日子得有规划。

书面直译： 有计划地索取，有节制地消费，就能常保富足。

◎ 从善如登，从恶如崩。

口语表达：学坏容易学好难。

书面直译：跟随善的指引前进就像登山一样艰难，跟随恶的引诱堕落却像山崩一样迅速。

◎ 怒者常情，笑者不可测也。

口语表达：小心那些喜怒不形于色的人。

书面直译：生气发怒是人之常情，而生气还面带笑容的人，内心想法让人难以揣测。

◎ 卧榻之侧，岂容他人鼾（hān）睡乎？

口语表达：自己的地盘不容他人侵占。

书面直译：自己睡觉的床铺旁边，怎么可能容忍别人呼呼大睡呢？

◎ 强人之所不能，事必不立。

口语表达：根据能力来分配任务才能成功。

书面直译：强迫他人去做超出其能力范围的事情，这件事肯定办不成。

《世说新语》

篇章十六 品读

寻求精神自由

《世说新语》

《世说新语》堪称展现时代风貌的文化百科全书，书中以生动笔触呈现了政治、军事、文学、美学等多元领域，既是解读「魏晋风度」的浪漫文本，亦是记录名士风流的文化教科书。

书中字句幽默洒脱，既有「宁作沉泥玉，无为媚渚兰」的风骨坚守，亦有「沿途揽胜，且行且歌」的风流不羁。这部千年典籍以独特的视角，为现代人开启了精神与思想自由的窗口。

⊙ 盲人骑瞎马，夜半临深池。

口语表达： 盲目行动会陷入危险。

书面直译： 盲人骑着瞎马，半夜来到深水池边。

⊙ 覆巢之下，复有完卵乎？

口语表达： 大环境不好，个体很难独善其身。

书面直译： 倾覆的鸟巢下面，难道还会有完整的鸟蛋吗？

⊙ 卿自君我，我自卿卿。我自用我法，卿自用卿法。

口语表达： 每个人都有自己的处事原则，应相互尊重。

书面直译： 你尽管称我为"君"，我尽管称你为"卿"。我有我的叫法，你有你的叫法。

⊙ 使我有身后名，不如即时一杯酒。

口语表达： 别让忙碌挤走当下的快乐，好好享受生活。

书面直译： 纵使死后的声名再盛，也不如生前多喝一杯酒的享受。

◉ 林无静树，川无停流。

口语表达：生活始终在变化，要学会适应。

书面直译：树林里没有静止不动的树木，江河里没有停止流动的水。

◉ 会心处，不必在远。

口语表达：善于发现身边的美好。

书面直译：能让内心有所感悟的地方，不一定非要在远方。

◉ 乘兴而行，兴尽而返。

口语表达：来场说走就走的旅行。

书面直译：趁着兴致高涨出发去做事，兴致尽了就返回。

◉ 情之所钟，正在我辈。

口语表达：对待感情要专一。

书面直译：能情有所钟的，正是我这样的人罢了。

◉ 管中窥豹，时见一斑。

___

口语表达： 看待事物不能以偏概全。

书面直译： 从竹管的小孔里看豹子，只能够看到豹子身上的一块斑纹。

◉ 未能免俗，聊复尔耳。

___

口语表达： 人都有从众心理。

书面直译： 没能摆脱自己不以为然的风俗习惯，只是姑且按照习俗行事罢了。

◉ 穷猿奔林，岂暇择木。

___

口语表达： 都这样了，就不要挑三拣四了。

书面直译： 身处困境的猿猴奔向森林，哪还顾得上挑选树木的好坏。

◉ 不足恨，今还卿。

___

口语表达： 没必要为小事烦心。

书面直译： 不值得发怒，现在就赔给你。

◎　珠玉在侧，觉我形秽！

口语表达：不要因为别人的优秀而否定自己。

书面直译：有风采如珠玉的人在身旁，相比之下就显得自己形象十分丑陋。

◎　夜光之珠，不必出于孟津之河。

口语表达：英雄不拘泥于出处。

书面直译：能发出夜光的宝珠，不一定要产自孟津的河流。

◎　亲卿爱卿，是以卿卿；我不卿卿，谁当卿卿？

口语表达：因为喜欢才这么称呼。

书面直译：因为亲近你、喜欢你，所以才用卿称呼你；如果我不用卿称呼你，还有谁会这样称呼你呢？

◎　对子骂父，则是无礼。

口语表达：应保持基本的礼仪和尊重，别让小孩看不起。

书面直译：对着儿子骂父亲，就是没有礼貌。

◉ 人生贵得适意尔，何能羁（jī）宦数千里以要名爵！

口语表达： 人活着舒心最重要。

书面直译： 人生最可贵的是让自己心情舒畅，怎么能为了功名而奔波千里之外为官呢！

◉ 面如凝脂，眼如点漆，此神仙中人。

口语表达： 神仙般的绝美容颜。

书面直译： 脸像凝脂般光滑细腻，眼睛像点染的黑漆般明亮，有这种美貌的人简直是神仙般的人物。

◉ 楂梨橘柚，各有其美。

口语表达： 每个人都有自己的闪光点。

书面直译： 山楂、梨、橘子、柚子，各有其独特的美。

◉ 云中白鹤，非燕雀之网所能罗也。

口语表达： 优秀的人不会被现实束缚。

书面直译： 云中飞翔的白鹤，不是捕捉燕雀的网能捉住的。

◉　宁为兰摧玉折，不作萧敷艾荣。

口语表达： 不妥协，不屈服。

书面直译： 宁愿像兰花一样被摧折，像美玉一样被粉碎，也不愿像萧艾一类的杂草那样生长得很茂盛。

◉　蒲柳之姿，望秋而落；松柏之质，经霜弥茂。

口语表达： 人的承受能力各有不同。

书面直译： 蒲柳资质柔弱，一到秋天就凋零了；松柏质地坚实，经历过霜雪的考验反而更加茂盛。

◉　肃肃如松下风，高而徐引。

口语表达： 这人的气质高雅脱俗。

书面直译： 这人的风度像松林间的风声一样肃然，高远悠长。

◉　友人有疾，不忍委之，宁以我身代友人命。

口语表达： 为朋友两肋插刀。

书面直译： 朋友生病，不忍心丢下他，情愿用自己的性命来换朋友的性命。

◉　时有入心处，便觉咫尺玄门。

口语表达： 心灵的感悟往往就在那电光石火的一瞬间。

书面直译： 当遇到有感悟、能触动内心的事物时，就会觉得距离深奥的道理很近了。

◉　人患志之不立，亦何忧令名不彰邪？

口语表达： 人没有志向，跟咸鱼没有区别。

书面直译： 一个人只怕不能树立远大志向，又何必担心不能名声远扬呢？

◉　我与我周旋久，宁作我。

口语表达： 坚持自我才能更好地做自己。

书面直译： 我和自己长期打交道，宁愿做真实的自己。

◉　小时了了，大未必佳。

口语表达： 人是持续发展的，不能只看一时表现。

书面直译： 小时候聪明伶俐，长大后未必就出色。

◎　今之视古，亦犹后之视今也。

口语表达：客观看待历史和当下。

书面直译：我们今天看古人，就像未来的人看今天的我们一样。

◎　一手持蟹螯（áo），一手持酒杯，拍浮酒池中，便足了一生。

口语表达：唯美食和美酒不可辜负。

书面直译：一只手拿着螃蟹的大钳子，另一只手端着酒杯，在酒池中浮游，这样就足够过完一生了。

◎　闻所闻而来，见所见而去。

口语表达：做事要有目的性。

书面直译：听到了自己所听闻的就来了，看到了自己所要看的就走了。

◎　树在道边而多子，此必苦李。

口语表达：遇事要善于观察和思考。

书面直译：生长在道路旁边的果树，还有这么多果实，这棵树结出的李子一定是苦的。

◉ 四体妍媸（chī），本无关于妙处，传神写照，正在阿堵中。

口语表达： 关键之处往往决定整体效果。

书面直译： 人的身体四肢美丑，原本与画像的精妙之处关系不大，真正能够传达神韵的是眼睛。

◉ 清真寡欲，万物不能移也。

口语表达： 无欲无求的人，谁也改变不了他。

书面直译： 纯洁质朴没有多少欲望的人，世间万物都改变不了他的本性。

◉ 今日之行，触目见琳琅珠玉。

口语表达： 行走江湖，见多识广。

书面直译： 今天这一趟出行，满眼看到的都是珍贵美好的东西。

◉ 势利之交，古人羞之。

口语表达： 有目的性的交往不可取。

书面直译： 以权势利益为考量而进行的交往，是古人都认为羞耻的事。

◉ 吾无所忧，直是清虚日来，滓（zǐ）秽日去耳。

口语表达： 去除心中浮躁，保持积极的生活态度。

书面直译： 我没有什么可忧虑的，只是觉得清净虚无的东西一天天增多，污垢秽杂的东西一天天减少。

◉ 百岁老翁攀枯枝。

口语表达： 不做明摆着很危险的事情。

书面直译： 年过百岁的老人攀附在枯萎的树枝上。

◉ 何尝见明镜疲于屡照，清流惮（dàn）于惠风。

口语表达： 坚守原则，不惧外界干扰。

书面直译： 哪曾见过明亮的镜子厌倦人们经常照，清澈的流水害怕和风吹拂。

◉ 今已饱，不复须驻。

口语表达： 吃饱了，该走了。

书面直译： 现在已经吃饱了，就没有必要留下了。

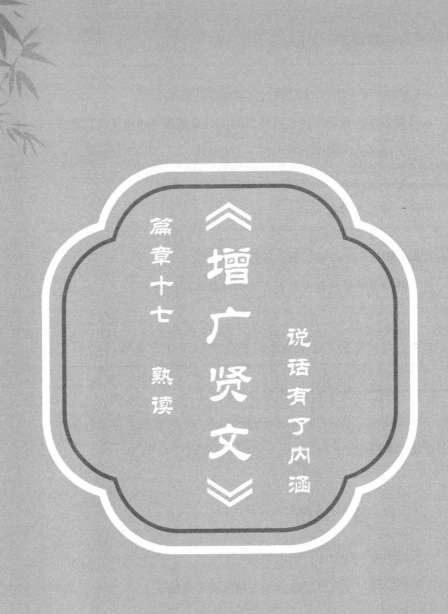

《增广贤文》

篇章十七　熟读

说话有了内涵

《增广贤文》

《增广贤文》又称《古今贤文》，是明代编纂的经典启蒙读物，汇集历代格言谚语，涵盖礼仪道德、典章制度、天文地理等，雅俗共赏。它如同知识的播种机，书中内容源自经史子集，以通俗语言呈现，无需注解即可读懂。其中既有「知己知彼，将心比心」的人际智慧，亦有「书中自有黄金屋」的劝学哲理，更有「命里有时终须有」的人生态度。读者可从中汲取处世之道，通过品读箴言审视自身，将千年智慧化为生活指南。

◉ 为人何必争高下，一旦无命万事休。

口语表达： 争强好胜没有意义。

书面直译： 做人为什么一定要争出个高低胜负呢？一旦失去了生命，所有的事情也就都结束了。

◉ 人无千日好，花无百日红。

口语表达： 生活中总有起落，保持平常心。

书面直译： 一个人不可能永远走运，一朵花不可能永远盛开。

◉ 用心计较般般错，退步思量事事宽。

口语表达： 退一步海阔天空。

书面直译： 如果事事都用心计较，那么每件事都会觉得不对；如果能够退一步思考，就会发现每件事都还有宽松缓和的余地。

◉ 良言一句三冬暖，恶语伤人六月寒。

口语表达： 说话是门艺术。

书面直译： 一句善意的好话，即使在寒冷的冬天也能让人感到温暖；而一句恶毒伤人的话，就算在炎热的六月也会让人感到寒冷。

◎ 逢人且说三分话，未可全抛一片心。

口语表达： 做人留一线，说话留有余地。

书面直译： 遇到人说话只说三分，不能把心里的话全都说出来。

◎ 知事少时烦恼少，识人多处是非多。

口语表达： 少接触闲人杂事。

书面直译： 知道的事情少烦恼自然也会少，认识的人多招惹的是非也会多。

◎ 平生莫做皱眉事，世上应无切齿人。

口语表达： 做人做事要对得起天地良心。

书面直译： 生平不做让人感到厌恶的事，世上应该就不会有对自己痛恨的人。

◎ 人生一世，草生一春；来如风雨，去似微尘。

口语表达： 人生短暂又渺小。

书面直译： 人活一辈子，就像草木生长一个春天；生命来的时候像风雨一样匆匆，离去的时候像微尘一样渺小无声。

◎ 再三须慎意，第一莫欺心。

口语表达： 做事要凭良心。

书面直译： 做任何事情都要再三谨慎思考，最重要的是不要欺骗自己的良心。

◎ 莺花犹怕春光老，岂可教人枉度春？

口语表达： 每一天都值得认真度过。

书面直译： 黄莺和鲜花尚且担心春光流逝，怎么能让人虚度春日的大好时光？

◎ 读书须用意，一字值千金。

口语表达： 读书要认真钻研，领悟其中深意。

书面直译： 读书一定要用心体会，书中的每一个字都价值千金，蕴含着宝贵的智慧。

◎ 运去金成铁，时来铁似金。

口语表达： 运气有时会决定成败。

书面直译： 运气不好的时候，金子会变得像铁一样不值钱；运气来了，铁也会变得像金子一样珍贵。

◉ 天意违可以人回，命早定可以心挽。

口语表达： 我命由我不由天。

书面直译： 天意难违的事可以凭借人的努力去挽回，命中注定的事可以通过人的意志去改变。

◉ 枯木逢春犹再发，人无两度再少年。

口语表达： 人生没有彩排，青春也只有一次。

书面直译： 枯萎的树木到了春天还能再次发芽，人却不会有两次少年时光。

◉ 命里有时终须有，命里无时莫强求。

口语表达： 以豁达心态面对人生得失。

书面直译： 命中注定的东西终究会有，命里没有的东西强求也无济于事。

◉ 人情似纸张张薄，世事如棋局局新。

口语表达： 人情世事皆不由人。

书面直译： 人情就像一张张纸，每一张都很薄；世上的事情就像棋局，每一局都有新的变化。

◉ 饶人不是痴汉，痴汉不会饶人。

口语表达：宽容是一种智慧。

书面直译：能宽恕别人的不是愚蠢的人，愚蠢的人是不懂得宽恕别人的。

◉ 息却雷霆之怒，罢却虎狼之威。

口语表达：改善人际关系，从情绪管理做起。

书面直译：平息如雷霆般的愤怒，收敛似虎狼般的威风。

◉ 来说是非者，便是是非人。

口语表达：议论他人就是降低自己。

书面直译：前来谈论别人是非的人，就是制造是非的人。

◉ 人言未必犹尽，听话只听三分。

口语表达：不要轻信人言。

书面直译：别人说的话未必都真实，只能相信三分。

◉ 无钱方断酒，临老始看经。

口语表达：不要等到迫不得已才做出改变。

书面直译：没钱的时候才停止喝酒，到了年老才开始读经修行。

◉　人生不满百，常怀千岁忧。

口语表达：人生很短，减少内耗。

书面直译：人活一世往往不到百岁，却常常怀着千年的忧虑。

◉　是非终日有，不听自然无。

口语表达：对于有些话，可以选择性失聪。

书面直译：是非对错每天都有，只要不听就不会受到困扰。

◉　当场不论，过后枉然。

口语表达：错过时机，再想努力也无用了。

书面直译：事情发生时不讨论，过后再说没有任何意义。

◉　黄河尚有澄清日，岂可人无得运时。

口语表达：人总有转运的时候。

书面直译：黄河尚有澄清的一天，人怎么会没有走运的时候。

◉　莫将容易得，便作等闲看。

口语表达：凡事不要习以为常。

书面直译：不要因为某样东西容易得到，就将它看得很平常。

◉ 一人一条心，无钱难买针。

口语表达： 团结协作才能做成事。

书面直译： 如果每个人都留着一个心眼，那么连买根针的钱都凑不出来。

◉ 易涨易退山溪水，易反易覆小人心。

口语表达： 少跟反复无常的人往来。

书面直译： 容易涨也容易退的是山间的溪水，反反复复变化无常的是小人的心思。

◉ 羊有跪乳之恩，鸦有反哺之义。

口语表达： 为人子女要孝顺，回报父母。

书面直译： 小羊羔有跪着吃奶来报答母羊养育之恩的举动，小乌鸦有长大后反过来喂养老乌鸦的情义。

◉ 庭前生瑞草，好事不如无。

口语表达： 天上不会掉馅饼。

书面直译： 如果庭院长出象征着祥瑞的草，这样的好事还不如没有。

◎ 求人须求英雄汉，济人须济急时无。

口语表达：寻求帮助和帮助别人，要有针对性。

书面直译：请求帮助时，要找有能力、靠得住的人；救济别人，要在别人急需帮助的时候施以援手。

◎ 水至清则无鱼，人太急则无智。

口语表达：做事不能过于极端。

书面直译：水如果太清澈就不会有鱼生存，人如果脾气太急躁就会失去应有的智慧。

◎ 人亲财不亲，财利要分清。

口语表达：亲兄弟明算账。

书面直译：人与人之间的感情可以很亲近，但涉及钱财利益，一定要划分清楚。

◎ 有钱道真语，无钱语不真。

口语表达：人不能以财富状况作为评判标准。

书面直译：有钱人说的话，别人都认为是真话；没钱人说的话，即使是真话也会被怀疑。

◉ 为人莫做亏心事，半夜敲门心不惊。

口语表达：问心无愧的人睡觉都踏实。

书面直译：如果一个人没有做过违背良心的事，即使半夜有人敲门，他的内心也不会感到恐惧不安。

◉ 画虎画皮难画骨，知人知面不知心。

口语表达：人心难测，要懂得自我保护。

书面直译：画老虎时，能轻易画出它的皮毛，却很难画出它的骨骼；了解一个人，看清他的外表容易，但要知晓他内心的想法却很难。

◉ 家有千口，主事一人。

口语表达：团队需要有核心领导者。

书面直译：即使家里有上千口人，也必须有一个人来主持事务。

◉ 今朝有酒今朝醉，明日愁来明日忧。

口语表达：过好今天，不要过度焦虑。

书面直译：今天有酒就一醉方休，明天的忧愁就留到明天再去担忧。

◉ 流水下滩非有意，白云出岫（xiù）本无心。

口语表达： 很多事情都是自然而然发生的。

书面直译： 水从滩头流下并非刻意为之，云从山洞飘出也不是白云有心之举。

◉ 触来莫与说，事过心清凉。

口语表达： 忍一时风平浪静。

书面直译： 当别人触犯到自己时，不要立刻与他理论，事情过后心境自然会平静下来。

◉ 相识满天下，知心能几人？

口语表达： 知己难得。

书面直译： 认识的人遍布天下，但真正彼此了解、心意相通的又能有几个呢？

◉ 近水知鱼性，近山识鸟音。

口语表达： 实践是认识的基础和来源。

书面直译： 靠近水边时间长了，就会了解鱼的习性；住在山附近久了，就能识别鸟儿的叫声。

◉　贫穷自在，富贵多忧。

口语表达： 财富并不是衡量幸福的唯一标准。

书面直译： 贫穷的人过得自在洒脱，富贵的人却有很多烦恼和忧愁。

◉　久住令人贱，频来亲也疏。

口语表达： 距离产生美。

书面直译： 在别人家住久了会让人觉得低贱，亲戚间往来过于频繁反而会变得疏远。

◉　有菜有酒多兄弟，急难何曾见一人。

口语表达： 酒肉朋友靠不住。

书面直译： 有菜有酒一起享乐的时候，好像有很多称兄道弟的人，但到了有困难的时候，这些朋友却连一个都见不到。

◉　公道世间唯白发，贵人头上不曾饶。

口语表达： 每个人都逃不过衰老的命运。

书面直译： 衰老是世间最公平的，即使是达官贵人也无法避免。

⊙　力微休负重，言轻莫劝人。

口语表达：对自己有清晰认知，不做超出能力范围的事。

书面直译：力量小就不要去背重东西，说话分量轻就不要去劝解别人。

⊙　贫居闹市无人问，富在深山有远亲。

口语表达：人大多是势利眼。

书面直译：一个人贫穷的时候，就算住在闹市也没有人理睬；富贵的时候，哪怕住在深山也会有远方亲戚来亲近。

⊙　静坐常思己过，闲谈莫论人非。

口语表达：没事多反思，别做长舌妇。

书面直译：静坐时要经常想想自己的过错，与人闲谈时不要谈论别人的是非。

⊙　相逢好似初相识，到老终无怨恨心。

口语表达：人生若总如初见，关系会很和谐。

书面直译：人与人相处，每次见面如果都像初次相识那样有新鲜感，那么即使相处到老，也始终不会产生怨恨之心。

《菜根谭》

篇章十八 参透

做到宠辱不惊

《菜根谭》

《菜根谭》为明代洪应明编著的修身处世语录集，融合儒家中庸、道家无为与释家出世的思想。

它如同心灵疗愈师，其中的「宠辱不惊，闲看庭前花开花落」等名句，为世人提供了三重生命启示：在纷杂世相中以「平和宽容」调节心态，于顺逆起伏间用「定力智慧」构筑心理防线，在紧张压力中借「淡泊真实」消解戾气。它将修身养性与现实生活深度结合，跨越四百余年仍为人们提供精神指引，帮助人们在纷繁世间活出从容自在。

◉ 千载奇逢，无如好书良友；一生清福，只在碗茗炉烟。

口语表达： 真正珍贵的东西往往很简单。

书面直译： 千年难遇的奇妙缘分，都比不上有好书可读、有良友相伴；人一生的清闲福气，就在于那一碗香茗和炉中的袅袅青烟。

◉ 花开花谢春不管，拂意事休对人言；水暖水寒鱼自知，会心处还期独赏。

口语表达： 人生是一场孤独的旅程，悲喜自渡。

书面直译： 花开花落，春天不会去管；遇到不如意的事，不要对别人倾诉。水温水凉，鱼儿自己知道；内心有所感悟的地方，还是期望独自欣赏体会。

◉ 风花之潇洒，雪月之空清，唯静者为之主；水木之荣枯，竹石之消长，独闲者操其权。

口语表达： 静下心来才能感受生活中的小美好。

书面直译： 清风中花朵的潇洒姿态，雪夜里明月的空明清朗，只有内心宁静的人才能感受。水边树木的繁茂枯萎，竹林中的石头的消失、显露，只有闲适的人才能掌握规律。

◉ 曲意而使人喜，不若直节而使人忌。

口语表达：委屈自己去取悦别人不值得。

书面直译：违背自己的意愿去讨好别人，让别人高兴，不如挺直身子做自己，哪怕会引起别人的忌恨。

◉ 行不去，须知退一步之法；行得去，务加让三分之功。

口语表达：逆境时适当让步，顺境时保持谦逊。

书面直译：当事情无法顺利进行时，要知道退一步的方法；当事情进展顺利时，一定要再增添三分谦让的功夫。

◉ 处世不必邀功，无过便是功。

口语表达：不求有功，但求无过。

书面直译：人生在世不用刻意去争取功劳，能够做到没有过错，本身就是一种功劳。

◉ 岁月本长，而忙者自促。

口语表达：放慢脚步，学会合理安排时间。

书面直译：岁月本来很漫长，忙碌的人却觉得时间很紧迫。

◉ 我有功于人不可念，而过则不可不念。

口语表达： 与人交往要豁达，做错事要反省。

书面直译： 自己帮助了别人不应该总是记在心上，但自己对别人犯的过错却不能不牢记。

◉ 盖世的功劳，当不得一个矜字。

口语表达： 取得再大的成就，都不能骄傲。

书面直译： 即使有举世无双的功劳，一旦有了骄傲自满的念头，这功劳也就不值一提了。

◉ 事业文章随身销毁，而精神万古如新。

口语表达： 要注重精神传承。

书面直译： 事业成就和文章著作，都会随着人身体的逝去而逐渐消逝，但是其中蕴含的精神却能万古常新。

◉ 害人之心不可有，防人之心不可无，此戒疏于虑者。

口语表达： 善良要有锋芒。

书面直译： 伤害别人的心思不能有，但防备别人伤害自己的心思不能没有，这是用来告诫那些疏忽大意、考虑不周全的人。

◉ 醲（nóng）肥辛甘非真味，真味只是淡。

口语表达：平平淡淡才是真。

书面直译：浓烈肥美、辛辣甘甜的味道并非真正的美味，真正的美味其实是清淡的味道。

◉ 遍阅人情，始识疏狂之足贵；备尝世味，方知淡泊之为真。

口语表达：洗尽铅华，才能从容面对生活。

书面直译：历经了人情世故，才认识到疏放不羁的可贵；尝尽了世间百味，才明白淡泊宁静才是生活的真谛。

◉ 乐不必寻，去其苦之者而乐自存。

口语表达：处理好生活中的烦扰，快乐不请自来。

书面直译：快乐不需要刻意去寻找，去除那些让自己痛苦的事情，快乐自然就会存在。

◉ 君子与其练达，不若朴鲁。

口语表达：过度圆滑不如保持本色。

书面直译：君子与其追求精明练达，不如保持真诚质朴的品质。

◉ 家人有过不宜暴扬，不宜轻弃。

口语表达： 家人之间要相互包容。

书面直译： 家里人要是有了过错，不应该到处去揭露宣扬，也不应该轻易就不管他们了。如果这件事不好直接说出来，就借着其他事情来暗示提醒他；要是他今天不能明白，那就等以后再找机会去提醒他。

◉ 一苦一乐相磨练，练极而成福者，其福始久。

口语表达： 经受过阳光和风雨，才能开出幸福的花。

书面直译： 在痛苦与快乐中相互磨练，经过千锤百炼而获得的幸福，才会长久。

◉ 涉世浅，点染亦浅。

口语表达： 社会是个大染缸，小心别被同化。

书面直译： 一个人经历的世事越少，受到的不良影响也就越少。

◉ 宁受一时之寂寞，毋取万古之凄凉。

口语表达： 与其低质量社交，不如高质量独处。

书面直译： 宁可忍受一时的寂寞，遭受死后万古的凄凉。

◉　不责人小过，不发人阴私，不念人旧恶。

口语表达：待人要宽宏大度。

书面直译：不要责难他人的小过错，不要揭露他人的隐私，不要念念不忘他人过去的不好。

◉　心体光明，暗室中有青天。

口语表达：行得正就站得直。

书面直译：如果一个人内心光明磊落，即使处在漆黑的房间中，也如同头顶有青天白日一样敞亮。

◉　气和暖心之人，其福亦厚，其泽亦长。

口语表达：好脾气是人生的一笔财富。

书面直译：脾气温和、能温暖他人内心的人，获得的福气必然丰厚，留下的恩泽也会长久。

◉　待小人不难于严，而难于不恶。

口语表达：不要因别人的言行影响自己心态。

书面直译：对待心术不正的小人，做到对他们严厉并不难，难的是内心不憎恶他们。

◉ 风来疏竹，风过而竹不留声；雁度寒潭，雁去而潭不留影。

口语表达： 事情过去了就放下，不要过于执着。

书面直译： 微风吹过稀疏的竹林，风过后竹子不会留下风声；大雁飞过寒冷的水潭，大雁离开后水潭里不会留下影子。

◉ 人生只百年，此日最易过。

口语表达： 不要虚度每一分每一秒。

书面直译： 人生不过短短百年，每一天很容易就过去了。

◉ 人情反复，世路崎岖。

口语表达： 交友要谨慎，困难要克服。

书面直译： 人与人之间的情谊反复无常，人生的道路充满坎坷崎岖。

◉ 居逆境中，周身皆针砭（biān）药石，砥（dǐ）节砺（lì）行而不觉。

口语表达： 逆境是成长的契机。

书面直译： 处在逆境中，身边的一切都像是治病的针灸和药石，不知不觉地磨砺着自己的气节和品行。

◉　能者劳而俯怨，何如拙者逸而全真。

口语表达：学会平衡工作和他人的期望。

书面直译：有能力的人因为忙碌操劳而招来别人的埋怨，哪里比得上笨拙的人安闲自在而能保全自己的纯真本性。

◉　孤云出岫，去留一无所系；朗镜悬空，静躁两不相干。

口语表达：与其关注他人，不如顾好自己。

书面直译：孤云从山谷中飘出，它的去留与任何事物都没有关系；明月高悬夜空，人间的宁静与喧嚣都与它毫不相关。

◉　事稍拂逆，便思不如我的人，则怨尤自清。

口语表达：不要遇事就抱怨。

书面直译：遇到稍微有些不如意的事，想想处境还不如自己的人，抱怨情绪自然就会平息。

◉　处世让一步为高，退步即进步的张本。

口语表达：懂得退让可能促成更有利的合作。

书面直译：处理事情时，能够退让一步是一种高明的做法，这种退让其实是为进一步发展做准备。

◉　秋虫春鸟共畅天机，何必浪生悲喜；老树新花同含生意，胡为妄别妍妍。

口语表达： 珍惜不同事物，感受生活美好。

书面直译： 春天的鸟叫和秋天的虫鸣，都在畅抒自然的生机，何必无端地产生悲伤或喜悦之情；古老的树木和新开的花朵，都蕴含着生命的气息，为什么要胡乱地分别美丑。

◉　人心不可一日无喜神。

口语表达： 笑一笑，十年少。

书面直译： 人的内心不能一天没有乐观、喜悦的情绪。

◉　席拥飞花落絮，坐林中锦绣团裀（yīn）；炉烹白雪清冰，熬天上玲珑液髓。

口语表达： 用心生活，到处都有仪式感。

书面直译： 席地而坐，身旁围绕着飞舞的落花和飘絮，仿佛坐在林中用锦绣织成的裀子上；在炉中烹煮着像白雪清冰，仿佛熬出如同天上玲珑仙液般的饮品。

◉ 忧勤是美德，太苦则无以适性怡情。

口语表达： 不要只顾工作而忽略了生活的乐趣。

书面直译： 忧虑、勤劳本来是一种美德，但如果过于劳苦，就无法使自己的心情舒适愉悦。

◉ 为恶而畏人知，恶中犹有善路。

口语表达： 善恶就在一念间。

书面直译： 做了坏事却害怕别人知道，说明此时还保留着一丝向善的念头。

◉ 士君子之涉世，于人不可轻为喜怒，喜怒轻，则心腹肝胆皆为人所窥。

口语表达： 不要被人轻易看透心思。

书面直译： 有学问、有品德的人在社会上生活，对于他人，不应该轻易地表现出自己的喜怒情绪。如果轻易表露喜怒，那么自己的内心想法就会被别人看得一清二楚。

《小窗幽记》

篇章十九 精读

寻得内心悠然

《小窗幽记》

《小窗幽记》别名《醉古堂剑扫》，由明代陆绍珩纂辑，陈继儒更名刊行。十二卷文集融合了生活雅趣、审美艺术与处世哲学，与《菜根谭》《围炉夜话》并称「修身三大奇书」。

人活于世，不过想遇见有趣的人、做些有意义的事。书中以精妙绝句绘就「窗内琴棋书画，窗外风花雪月」的生活图景，既有「宠辱不惊」的淡然哲思，亦有「世路廓悠悠」现实写照。静坐窗前品读，即使身处喧嚣尘世，仍可寻得内心的恬静悠然。

◉ 喜时之言多失信，怒时之言多失体。

口语表达： 情绪激动时，说话要谨慎。

书面直译： 人在高兴时说的话，大多是失信于人、不会兑现的空话；在愤怒时说的话，大多是有失体面的话。

◉ 使人有乍交之欢，不若使人无久处之厌。

口语表达： 第一印象固然重要，细水长流更难得。

书面直译： 让别人在初次交往时就感到欢喜，不如让别人在长久相处后也不会产生厌烦。

◉ 不近人情，举世皆畏途；不察物情，一生俱梦境。

口语表达： 生活中要学会观察和理解周围的人和事。

书面直译： 如果为人处世不懂得人情世故，那么前路就会变得危机四伏；如果不了解事物的情理，那么一生都如同迷失在梦境般虚幻中一样。

◉ 闭门即是深山，读书随处净土。

口语表达： 内心平静就能营造专属的宁静世界。

书面直译： 关上房门，就仿佛置身于深山之中，能获得宁静；只要专心读书，无论身处何地，都如同处在清净的佛土。

◉ 达人撒手悬崖，俗子沉身苦海。

口语表达：放手是智慧。

书面直译：通达事理的人，能在面临绝境时果断放手，摆脱束缚；世俗的人往往深陷其中，如同沉入痛苦的深渊无法自拔。

◉ 老去自觉万缘都尽，那管人是人非。

口语表达：随着年龄增长，很多事也会看淡。

书面直译：人到老年，自然觉得世间的各种缘分都将了结，哪里还去理会生活中的是是非非。

◉ 观世态之极幻，则浮云转有常情。

口语表达：岁月漫长，找到真正有价值的东西。

书面直译：当观察到世间百态极其虚幻无常时，就会觉得天上的浮云反而有了一种永恒不变的情致。

◉ 闲之一字，讨了无万便宜。

口语表达：生活需要"闲"的心态。

书面直译："闲"这个字，能给人带来无数的好处。

◉ 心为形役，尘世马牛；身被名牵，樊笼鸡鹜（wù）。

口语表达： 不要被名利左右，失去身心的自由。

书面直译： 内心被欲望所驱使，就如在尘世中像牛马一样辛劳；自身被名声所牵绊，就像关在笼子里的鸡鸭一样失去自由。

◉ 莫恋浮名，梦幻泡影有限；且寻乐事，风花雪月无穷。

口语表达： 追求名气不如珍惜点滴快乐。

书面直译： 不要贪恋虚名，它如同梦幻泡影般有限；暂且去寻找一些乐事，像欣赏风花雪月这些美景，就有无穷乐趣。

◉ 秋风闭户，夜雨挑灯，卧读离骚泪下。

口语表达： 静心读书也是种小美好。

书面直译： 在秋风瑟瑟中关上门窗，在夜晚雨声里挑亮灯火，躺在床上读《离骚》时，不禁泪流满面。

◉ 散履闲行，野鸟忘机时作伴。

口语表达： 出去转转，放松心情。

书面直译： 放开脚步在草地上悠闲地漫步，野鸟忘记了对人的戒心，不时前来作伴。

◎ 耳目宽则天地窄，争务短则日月长。

口语表达： 心事简约，则岁月平淡。

书面直译： 如果一个人过于关注眼前琐事，那么他眼中的天地就会变得狭小；如果减少对世俗事务的争逐，那么日子就会过得悠然，感觉时间也变得悠长。

◎ 烦恼场空，身住清凉世界；营求念绝，心归自在乾坤。

口语表达： 放下烦恼和贪欲，内心自然轻盈。

书面直译： 如果能把烦恼的世界看作是空幻不实的，那么自身就仿佛置身于清凉无忧的世界；要是断绝了对功名利禄的追求之念，内心就能回归自在无碍的天地。

◎ 宠辱不惊，闲看庭前花开花落；去留无意，漫随天外云卷云舒。

口语表达： 看得开放得下，是智慧。

书面直译： 对于荣耀和屈辱都能保持平静的心态，就像悠闲地看着庭院前花开花落；对于去留等人生境遇毫不在意，如同随意地观赏天边云朵的卷与舒。

◉ 好丑心太明，则物不契。

口语表达： 宽容地看待世界才能更好地融入生活。

书面直译： 如果心中对美丑的区分过于分明，那么就很难与万物和谐契合。

◉ 君子不言命，养性即所以立命。

口语表达： 提高自身修养才能更好地把握人生。

书面直译： 有道德修养的君子不谈论命运的好坏，而是通过修养自身的品性来安身立命。

◉ 春夏园林，秋冬山谷，一心无累，四季良辰。

口语表达： 生活是否美好在于心态。

书面直译： 春夏可以观赏园林的意趣，秋冬可以观赏山谷的景色，只要内心不被尘事所累，那么一年四季都是美好的时光。

◉ 花繁柳密处，拨得开，才是手段。

口语表达： 越是复杂环境，越能考验一个人。

书面直译： 在花繁叶茂、柳密如织的复杂环境中，能够摆脱束缚才是真正有本事。

⊙ 但看花开落，不言人是非。

口语表达：热衷说闲话，还不如欣赏花草。

书面直译：只去关注花开花落这些自然景象，不要去谈论他人的是是非非。

⊙ 闲中觅伴书为上，身外无求睡最安。

口语表达：精神丰盈的人生活很简单。

书面直译：在闲暇的时候寻找陪伴，书籍是最好的选择；对身外之物没有过多的追求，睡觉的时候内心最为安稳。

⊙ 心苟无事，则息自调；念苟无欲，则中自守。

口语表达：内心平静则外界鸦雀无声。

书面直译：如果心中没有烦恼事，气息自然就会调和顺畅；如果心中没有过多欲望，内心就能自行坚守原则。

⊙ 伏久者，飞必高；开先者，谢独早。

口语表达：厚积薄发往往能取得大成就。

书面直译：蛰伏甚久的事物，一旦飞起必定飞得高远；花朵过早地开放，往往凋谢得也早。

⊙　忧疑杯底弓蛇，双眉且展；得失梦中蕉鹿，两脚空忙。

口语表达： 痛苦多源于无端的妄想。

书面直译： 不要像看到杯底倒映的弓影就怀疑是蛇那样无端忧虑，不妨舒展眉头；也不要像梦中得鹿又不知鹿之所在而空自忙碌，为了得失而白白奔波。

⊙　甘人之语，多不论其是非。

口语表达： 与人交往时，警惕话的真实性。

书面直译： 让人听着顺耳的话，大部分人不会去计较它的对错。

⊙　古之君子，行无友，则友松竹；居无友，则友云山。

口语表达： 从大自然中找到慰藉和陪伴。

书面直译： 古代有品德的君子，出行时没有朋友相伴，就与松树竹子为友；居家时没有朋友，就与云雾缭绕的山川为友。

⊙　居高者，形逸而神劳；处下者，形劳而神逸。

口语表达： 管理者劳神，被管理者劳身。

书面直译： 身居高位的人，身体看似安逸，但精神往往疲惫；身居低位的人，身体虽然劳累，但精神较为安逸。

◉ 留七分正经，以度生；留三分痴呆，以防死。

口语表达：清醒做事，糊涂做人。

书面直译：生活中要保持七分的端庄稳重，以此来度过一生；也要保留三分的懵懂，以防止因过于精明算计而陷入困境。

◉ 落花慵扫，留衬苍苔，村酿新刍（chú），取烧红叶。

口语表达：放慢脚步，享受生活中的诗意。

书面直译：懒得去清扫飘落的花瓣，就让它们留在地上衬托着青苔；村子里新酿好了酒，取来红叶当作柴火烧煮。

◉ 几丛花，几群鸟，几区亭，几拳石，几池水，几片闲云。

口语表达：生活中的美，往往就在平凡而细微的事物中。

书面直译：几丛鲜花，几群鸟儿，几处亭子，几块拳头般大小的石头，几汪池水，还有天空中几片悠闲的云朵。

◉ 笔床茶灶，可了我半日浮生。

口语表达：愉悦身心的小事物能让生活变得有滋有味。

书面直译：有放置毛笔的笔床和烹茶的茶灶相伴，就这样度过悠闲的半日时光。

《围炉夜话》

篇章二十 细读

让心灵透透气

《围炉夜话》

《围炉夜话》是清代王永彬编写的晚清文学品评经典，收录了二百二十一则格言。它以修身、处世、立业、忠孝为核心，揭示『三立以立业为本』的哲理，其思想深度远超当下盛行的心灵鸡汤。

它是生活指南之书，也是劝世之书，在信息爆炸的现代社会仍具独特魅力，用历经岁月洗礼的篇章照亮我们彷徨的内心，以通透、正能量的句子抚慰我们疲惫的灵魂，让我们在慢思中汲取力量，以豁达姿态拥抱生活。

◉　十分不耐烦，乃为人大病。

口语表达： 没耐心是人最大的缺点。

书面直译： 为人处世不能忍受麻烦，是做人的一个大毛病。

◉　百善孝为先，原心不原迹，原迹贫家无孝子。

口语表达： 孝顺与否，关键在于孝心。

书面直译： 各种善事里，孝顺是最重要的，衡量是否孝顺要看内心的诚意，而不是看表面的行为；如果只看行为，那么贫穷人家就没有孝子了。

◉　暗昧处见光明世界，此心即白日青天。

口语表达： 在困境中，也要心向光明。

书面直译： 在黑暗隐晦的地方能看到光明的世界，这样的心境就如同晴朗天空中的太阳一样光明磊落。

◉　世所相信，在能行，不在能言。

口语表达： 行动比言语更有价值。

书面直译： 世人所信赖的，不是能够说漂亮话的人，而是能够务实干事的人。

◉ 人犯一苟字，便不能振；人犯一俗字，便不可医。

口语表达：散漫和庸俗会使人精神空虚。

书面直译：一个人要是沾染了苟且偷安的毛病，就很难再振奋精神；一个人要是心性流于俗气，就几乎不可救药。

◉ 求个良心管我，留些余地处人。

口语表达：向内约束自己，向外包容他人。

书面直译：对自己要求严格，有一颗良善的心；给别人留一些余地，使别人有容身之处。

◉ 心能辨是非，处事方能决断。

口语表达：明辨是非才能做出正确选择。

书面直译：只有内心能够清晰地辨别是非对错，在处理事情时才能做出果断的决策。

◉ 困穷之最难耐者能耐之，苦定回甘。

口语表达：困难是暂时的，坚持住就能苦尽甘来。

书面直译：最难忍受的贫穷和困厄如果都能忍受，那么苦难过后必定会迎来甜蜜。

◎ 学业之不进，总为一懒字丢不开。

口语表达： 学习最大的敌人是懒惰。

书面直译： 学业没有进步，总是因为一个"懒"字摆脱不掉。

◎ 语言多矫饰，则人品心术，尽属可疑。

口语表达： 一个人的人品，往往藏在言语中。

书面直译： 如果一个人说话过多地进行虚假粉饰，那么无论他的人品还是居心，都非常值得怀疑。

◎ 读书不下苦功，妄想显荣，岂有此理？

口语表达： 学习没有捷径。

书面直译： 读书若不下功夫苦读，却妄想显达荣耀，天下哪里有这种道理？

◎ 富贵非荣，富贵而利济于世者为荣。

口语表达： 达则兼济天下。

书面直译： 仅仅拥有财富和地位算不上荣耀，富贵之后能够帮助世人、对社会有益才是真正的荣耀。

◉ 肯下人，终能上人。

口语表达：谦逊的人迟早会成功。

书面直译：能够屈居人下而没有怨言，最终也能居于人上。

◉ 为学无间断，如流水行云，日进而不已也。

口语表达：学无止境，要持之以恒。

书面直译：学习不能间断，就像不息的流水和飘浮的行云，每天都持续前进不停止。

◉ 大丈夫处事，论是非，不论祸福。

口语表达：遇事不能只想得失，不顾对错。

书面直译：有担当的人处理事情，只看事情本身的对错，而不考虑个人的祸福得失。

◉ 心不可太大，心太大，则舍近图远，难期有成矣。

口语表达：别因为总想着干大事，而忽略了能做的小事。

书面直译：心思不能过大，野心如果太大，就会舍弃眼前的机会而追求不切实际的远方，这样很难取得什么成就。

◉ 和气迎人，平情应物。

口语表达：待人接物要平心静气。

书面直译：以温和友善的态度去和人交往，以平和冷静的心情去应对事物。

◉ 言不可尽信，必揆诸理。

口语表达：对听到的话，要理性判断其可信度。

书面直译：别人说的话不能全都相信，一定要根据道理去衡量、判断。

◉ 有大识见，乃有大文章。

口语表达：胸藏点墨才能下笔如神。

书面直译：有广博深刻的见识，才能写出有分量、有价值的文章。

◉ 困穷而有振兴志者，亦如是也。

口语表达：在逆境中也要保持斗志。

书面直译：身处穷困的境地却怀有振兴的志向，也是值得称赞的。

◎　何谓享福之才，能读书者便是。

口语表达：会读书的人本身就有福气。

书面直译：什么样的人才算是有福气的人呢？能够读书学习并获得乐趣的人就是。

◎　俭可养廉，觉茅舍竹篱，自饶清趣。

口语表达：生活节俭可以培养个人品德。

书面直译：节俭可以培养一个人廉洁的品德，就算住在竹篱围绕的茅草屋，也能感受到其中独特的清幽趣味。

◎　学无长进，我何以对天。

口语表达：每天进步一点点。

书面直译：如果学习没有取得进步，我有什么脸面面对上天。

◎　贫贱非辱，贫贱而谄求于人者为辱。

口语表达：人要自尊自爱，通过努力改变现状。

书面直译：贫穷和地位低下并不是耻辱的事，因为贫穷和地位低下而去讨好、乞求他人，才是耻辱。

◉ 不与人争得失，唯求己有知能。

口语表达： 争一时得失不如专注提升自身。

书面直译： 不要和他人去争名利上的得与失，而应专注于提升自己的智慧和能力。

◉ 有才必韬藏，如浑金璞玉，暗然而日章也。

口语表达： 韬光养晦，是金子总会发光。

书面直译： 有才华的人要勤于修养，懂得收敛，就像未经提炼的金矿石和玉石，虽然看起来昏暗无光泽，但随着时间推移会日益彰显光芒。

◉ 见人过举，多方提醒。

口语表达： 朋友做错事，要真诚地提醒。

书面直译： 如果看到别人有错误的行为，就要从多方面尽量提醒他。

◉ 滥交朋友，不如终日读书。

口语表达： 胡乱交友不如提升自己。

书面直译： 不加选择地结交朋友，还不如整天读书。

◉ 做事守章程，而不知权变，则依样之葫芦也。

口语表达： 做事不能照葫芦画瓢，要随机应变。

书面直译： 做事情只知道遵守章程，却不懂得根据实际情况灵活变通，就像是依样画葫芦，不会取得任何实际效果。

◉ 打算精明，自谓得计，然败祖父之家声者，必此人也。

口语表达： 太精于算计可能会损耗家族声誉。

书面直译： 算计得过于精明，自以为谋划得当，但败坏祖辈们所树立的家族声誉的，必定是这种人。

◉ 须使人不忍欺我，勿使人不敢欺我。

口语表达： 以势压人不如以德服人。

书面直译： 应该做到让别人不忍心欺负自己，而不是让别人因为畏惧而不敢欺负自己。

◉ 存科名之心者，未必有琴书之乐。

口语表达： 别被功利心蒙蔽，学会关注生活的美好。

书面直译： 一心想要追求功名利禄的人，未必能体会到抚琴读书的乐趣。

◎ 以诚心待人，人或不谅，而历久自明，不必急于求白也。

口语表达：日久见人心。

书面直译：用真诚的心去对待他人，即使他人可能一时不理解，但时间长了自然会明白你的心意，不必急着去辩解。

◎ 功到将成之候，若放松一着，便不能成矣。

口语表达：事成之前别松懈。

书面直译：事情快要成功时，如果稍有懈怠，就可能功亏一篑，无法成功。

◎ 靠自己，胜于靠他人。

口语表达：最大的靠山是自己。

书面直译：依靠自己，比依靠别人更可靠。

◎ 有不忍言之心，必有不忍言之祸。

口语表达：隐而不言，后患无穷。

书面直译：如果朋友犯错，不忍心说出来，日后必定会因此产生让人后悔的祸患。

◎ 立业无论大小，总要此身做得来。

口语表达： 创业需量力而行。

书面直译： 创立事业不论大小，关键是自己要有能力去完成。

◎ 语言深刻，终为薄福之人。

口语表达： 与人相处，说话别太刻薄。

书面直译： 说话总是尖酸刻薄的人，最终往往是福分浅薄的人。

◎ 人生不可安闲，有恒业，才足收放心。

口语表达： 人要是无所事事，内心就会空虚。

书面直译： 人生不能过于安逸闲适，要有一份长久的事业，这样才能让自己的心安定下来。

◎ 养心须淡泊，凡足以累吾心者勿为也。

口语表达： 学会放下，身心才会更健康。

书面直译： 修养身心必须保持淡泊的心态，凡是会让自己内心疲惫劳累的事情，都不要去做。

◎ 饰美于外者，必其中无所有。

口语表达： 金玉其外，败絮其中。

书面直译： 只注重在外表上装饰美化自己的人，往往内在没有什么真才实学。

◎ 祸出于口，而口则有唇，阖（hé）之可以防祸也。

口语表达： 说话不谨慎容易惹麻烦。

书面直译： 灾祸常常从嘴巴里产生，而嘴巴有两片嘴唇，闭起来就可以防止灾祸。

◎ 人必尽其当然，乃可听其自然。

口语表达： 全力以赴后，就坦然面对结果。

书面直译： 人一定要尽到自己的努力，做好应该做的事情，之后才可以顺其自然地接受结果。

◎ 但责己，不责人，此远怨之道也。

口语表达： 自我反省可以减少矛盾。

书面直译： 凡事只责备自己不责备他人，是远离怨恨的好方法。

◉　虚浮人指东画西，全不向身心内打算，定卜其一事无成。

口语表达： 不切实际的人什么都做不成。

书面直译： 轻浮不实的人说话做事总是东拉西扯，完全不像是经过内心思考和规划的，完全可以预料到这种人将一事无成。

◉　但信己，不信人，此取败之由也。

口语表达： 做事独断专行容易失败。

书面直译： 只相信自己，不相信他人，是导致失败的主要原因。

◉　姑息者，多有败行，则父兄之教育所系也。

口语表达： 养不教，父之过。

书面直译： 对后辈姑息纵容的，后辈大多有败坏的德行，这与父亲兄长的教育有很大关系。

◉　一味学吃亏，是处事良方。

口语表达： 甘愿吃亏的人，最终吃不了亏。

书面直译： 对任何事都抱着宁可吃亏的态度，是处理事情的最佳方法。

篇章二十一　研读

《素书》

活学活用生存智慧

《素书》

《素书》相传为秦末黄石公传授给张良的智慧典籍，因思想深邃而被称为『天书』。全书以道家为基础，融合儒、法、兵等多家学说的智慧，借六章千余字构建『道、德、仁、义、礼』体系。

这本生命之书，既有『低调修炼本事，等机会来了再行动』的处世方法，也有『多学习多提问来增长见识』的修身窍门。小到个人为人处世，大到国家治理，都给予了全面阐述，将人性和社会运行法则讲得明明白白，极具启发性，有助于读者领悟处世原则、提升生存智慧。

◉ 潜居抱道，以待其时。

口语表达： 没有好机会时，先提升自身，潜心等待。

书面直译： 及时退隐，坚守正道，等待时机的到来。

◉ 吉莫吉于知足，苦莫苦于多愿。

口语表达： 懂得知足就会活得轻松。

书面直译： 没有比知足更吉祥的事了，没有比欲望太多更痛苦的事了。

◉ 略己而责人者不治，自厚而薄人者弃废。

口语表达： 以身作则，严格要求自己。

书面直译： 忽略自己的过失，总是责备别人的人，无法处理好事务；对自己宽厚，对别人刻薄的人，最终会被众人遗弃。

◉ 小功不赏，则大功不立。

口语表达： 激励制度能带来更大成就。

书面直译： 如果小的功绩都不被奖励，那么人们就不会有动力去建立更大的功绩。

◉ 短莫短于苟得，幽莫幽于贪鄙（bǐ）。

口语表达： 做人做事光明磊落，不贪婪卑鄙。

书面直译： 没有比通过不正当手段获取利益更短视的了，没有比贪婪卑鄙更隐蔽的祸患了。

◉ 同美相妒，同智相谋。

口语表达： 各方面条件相近的人，会暗暗较劲。

书面直译： 同样美丽的人往往会相互嫉妒，同样聪明的人往往会相互算计。

◉ 守职而不废，处义而不回。

口语表达： 做有责任感、有正义感的人。

书面直译： 恪守本职工作不轻易放弃，受到猜忌能坚守道义绝不退缩。

◉ 博学切问，所以广知。

口语表达： 多学多问，才能丰富知识储备。

书面直译： 广泛地学习，恳切地询问，才能拥有广博的学识。

◉ 近恕笃（dǔ）行，所以接人。

口语表达： 与人交往，要宽厚重诺。

书面直译： 以宽容之心待人，切实地去履行诺言，这样来与人交往。

◉ 避嫌远疑，所以不误。

口语表达： 做事考虑清楚，别自找麻烦。

书面直译： 避开嫌疑，远离容易让人怀疑的事情，这样就可以避免出现失误。

◉ 括囊顺会，所以无咎。

口语表达： 说话要注意时机，顺应时势。

书面直译： 说话谨慎，顺应大局，这样就不会有灾祸。

◉ 枉士无正友，曲上无直下。

口语表达： 一个团队的风气往往受领头人影响。

书面直译： 不正派的人，不会有正直的朋友；上级行为不端，下属也很难正直。

◉　地薄者大物不产，水浅者大鱼不游。

口语表达： 想有好的发展，离不开适合的平台。

书面直译： 土地贫瘠的地方，长不出大型的作物；水流太浅的地方，不会有大鱼在那里游动。

◉　闻善忽略，记过不忘者暴。

口语表达： 多关注他人优点，包容他人缺点。

书面直译： 听到别人的优点长处就忽略不管，对别人的缺点错误却牢记不忘，这种人是粗暴的。

◉　任材使能，所以济物。

口语表达： 管理者要善于用人。

书面直译： 任用有才能的人，让他们发挥自身优势，是为了成就事业、办成事情。

◉　危莫危于任疑。

口语表达： 要用自己信得过的人。

书面直译： 没有比任用自己怀疑的人更危险的事了。

⊙ 败莫败于多私。

口语表达： 失败的罪魁祸首是私心太重。

书面直译： 没有比自私自利更容易导致失败的了。

⊙ 夫道、德、仁、义、礼，五者一体也。

口语表达： 道、德、仁、义、礼是修身立业的根本。

书面直译： 天道、德行、仁爱、正义、礼制，这五种思想是一体的，不可分割。

⊙ 道者，人之所蹈，使万物不知其所由。

口语表达： 顺势而为往往是成功的第一步。

书面直译： 道，是人们所遵循的自然规律，它驱使世间万物运行，但往往不能为人所认知。

⊙ 礼者，人之所履，夙（sù）兴夜寐（mèi），以成人伦之序。

口语表达： 做事有礼，社会才能有序。

书面直译： 礼，是人们所遵循的社会规范。人们从早到晚都要遵循，以此形成人与人之间和谐的良好秩序。

◎ 若时至而行，则能极人臣之位。

口语表达： 善于发现机会的人更容易成功。

书面直译： 如果时机到来并付诸行动，那么就能达到臣子所能达到的最高地位。

◎ 薄施厚望者不报，贵而忘贱者不久。

口语表达： 帮人不求回报，富贵不能忘本。

书面直译： 给予别人很少的帮助，却期望得到丰厚的回报，这种人不会得偿所愿；富贵之后就忘了曾经贫贱的人，这样的富贵必不会长久。

◎ 贬酒阙色，所以无污。

口语表达： 酒乱性，色败身。

书面直译： 减少喝酒，远离美色，可以保持自身高洁的品行。

◎ 先揆后度，所以应卒。

口语表达： 遇事要谋定而后动。

书面直译： 先估量再权衡，这样才能从容应对突发情况。